重庆文化研究 辛丑冬

Chongqing Cultural Research | 蔡武 题

《重庆文化研究》出版工作小组

主　　任	刘　旗
副 主 任	朱　茂
主　　编	刘建国　宋俊红　严小红　刘德奉 陈海燕　刘春泉
执行主编	刘德奉
编辑部主任	黄剑武
编　　委	黄剑武　王美木　周津菁　魏　锦 邹俊星

重庆市文化和旅游研究院　编

西南大学出版社

图书在版编目(CIP)数据

重庆文化研究.辛丑冬/重庆市文化和旅游研究院编.—重庆:西南大学出版社,2021.12
ISBN 978-7-5697-1313-8

Ⅰ.①重… Ⅱ.①重… Ⅲ.①地方文化—研究—重庆—2021 Ⅳ.①K297.19

中国版本图书馆CIP数据核字(2022)第034908号

重庆文化研究·辛丑冬
CHONGQING WENHUA YANJIU　XIN-CHOU DONG

重庆市文化和旅游研究院　编

责任编辑	王玉竹
责任校对	李晓瑞
书籍设计	杨　涵
排　　版	吕书田
出版发行	西南大学出版社(原西南师范大学出版社)
	地址:重庆市北碚区天生路2号
	邮编:400715
	市场营销部电话:023-68868624
经　　销	新华书店
印　　刷	重庆紫石东南印务有限公司
幅面尺寸	210 mm×285 mm
印　　张	8.25
插　　页	12
字　　数	202千字
版　　次	2021年12月　第1版
印　　次	2021年12月　第1次印刷
书　　号	ISBN 978-7-5697-1313-8
定　　价	35.00元

三峡因遗产而"贵"

　　一个人，一个地方，一个民族，一个国家，如果在世界上有强大的影响力，一定有它特别的重要因素。长江就是这样，它在世界上具有强大的吸引力，就在于它是世界上第三长河、亚洲第一长河，是人类文明的重要发源地，是中华民族的母亲河之一。

　　是的，长江具有厚重的历史文化，为世界文明做出了重要贡献，甚至有些是具有开创性的贡献。这里有204—201万年前的人类文明考古发现，这里是世界稻作文明的中心，这里是世界蚕丝业的发源地，这里的渔业文明为世界农业做出了重要贡献，这里的干栏式建筑是人类史上的杰作。

　　三峡是万里长江上的一个重要历史文化支点，是一个融文化遗产、自然遗产、非物质文化遗产于一体的重要之地。三峡的文化遗产十分丰富，有巫山人的考古遗址、巫山县大溪文化考古遗址、奉节县白帝城历史文化遗迹、巫溪县宁厂盐文化遗迹等，再往上游走，有忠县石宝寨历史文化建筑遗迹、云阳县张飞庙历史文化遗迹、丰都县名山鬼城历史文化遗迹、涪陵区白鹤梁历史文化遗迹等；三峡的非物质文化遗产也十分丰富，代表三峡人性格的巴渝舞，代表三峡人豪情的川江号子，代表三峡人情调的《太阳出来喜洋洋》，代表三峡人艺术审美的巫溪嫁花等；三峡的自然遗产更具独特魅力，这里有巫山神女峰、巫山小三峡、奉节夔门，以及众多的地质奇观。如果说在联合国教科文组认定的遗产中今后不再增加类别的话，那么这三类遗产在三峡已经齐全。

　　当然，在三峡珍贵的遗产中，还包括文学遗产，历代文人墨客在这里留下了大量文章和诗作，这些文学经典已经积淀千年，已经流传世界。它是对三峡文化遗产、自然遗产、非物质文化遗产的歌咏。三峡之所以有如此丰富的文学遗产，是因为三峡本身就具有强烈的吸引力，"行到三峡必有诗"（繁知一《书巫山神女祠》）！一点不假。

　　如果细数长江沿线的省会城市（直辖市）——重庆、武汉、南京、上海，那么重庆居其一，三峡就是重庆的重要代表符号。

　　如果再细数长江沿浅的旅游景区景点，从长江源头到长江入海，多达数百，且文化形态各有不同，文化影响各有差别，文化积淀各有厚重，三峡则是最具代表性的地方之一。也可能正因为如此，数千年来游人不绝、歌咏不绝。尤其是旅游业兴盛以来，三峡旅游已经成为旅游热点，也是长江旅游的重要符号。

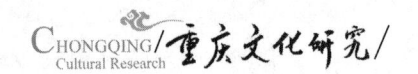

那么，三峡旅游为什么那么热？三峡知名度为什么那么高？分析原因，其核心是：三峡因遗产而"贵"。

多年来，重庆人民对三峡的遗产保护是很重视的，为此做出了众多成绩，并且让这些遗产在滋养当代人民精神生活中发挥了积极作用。但是，重庆人对遗产的保护和利用仍在路上。本书所发表的两篇由重庆文化部门相关人员撰写的研究性文章——《重庆三峡文物保护利用实践》《重庆三峡库区非物质文化遗产资源调查报告》，就体现了工作上的主动性和前瞻性，他们对这一地区，特别是因建设三峡工程而开展的三峡库区文化遗产的保护和利用进行了认真思考，对曾经的工作进行了科学的总结，对今后的发展提出了可贵的意见。有这样的关注，有这样的情怀，我们相信未来的三峡文化遗产保护和利用会更好。

近来，国家提出建设长江国家文化公园，这是对长江文化进行整体性保护和发展的重要战略举措，三峡文化也是其中的重要组成部分。我们期待更多的人参与到三峡文化遗产的保护与利用中来，发挥您的聪明才智，为三峡文化遗产的保护与利用做出更多成绩，为长江国家文化公园建设贡献自身力量。当然，我们更会贡献重庆力量，让长江文化在世界文明中继续发挥中国作用。

编者

2022 年 10 月 21 日

目 录

政策研究

1 重庆三峡文物保护利用实践　幸军　熊子华　熊伟
4 重庆三峡库区非物质文化遗产资源调查报告　罗敏

文艺评论

14 一次大胆而成功的文艺创新
　　　——评杂技剧《一双绣花鞋》　卫洪
18 郭沫若的创作思想：人民性　刘德奉
30 赵无极绘画：拍卖热议背后的绘画本体价值再谈　江晓

基础研究

32 《仙豆》与中国当代魔术的语言探索、文化承扬　于昊旻　胡泽容　安燕玲
36 民族精神与美术革新
　　　——抗战时期重庆中国画研究　李桦
48 孔庄丧葬观之比较与启发　方世勇
55 打造"巴蜀文化旅游走廊"应有"武陵民族走廊"一席之地
　　　——《文化线路宪章》(2008)视野下的相关思考　赵心宪
64 朱德群的油画研究考察与分析：中西融合及其启示　夏浩然

巴渝文化
76　南宋古道"大寨坎"摩崖石刻考读　黄玉才
79　《放船》为杜甫夔州诗之始　蓝锡麟

人物风采
87　一脉清流在人间
　　　——记重庆市三峡川剧团梅花奖获得者谭继琼　马晓军

文化记忆
94　金陵兵工厂探源　姜孝德

艺文空间
103　艺苑
127　释"魂"　蒲以宏　冯建章
132　刘远扬的故事人生　朱伟
141　涓流的细语
　　　　——也谈书封的过往与今生　周冠宇
145　杨氏庄园：时光的风带　余炤

重庆三峡文物保护利用实践

幸军　熊子华　熊伟
（重庆市文物局）

重庆是一块英雄的土地，是国家历史文化名城，是文物资源大市。全市登录不可移动文物25908处，可移动文物1482489件，登记备案博物馆107家。重庆文物资源具有序列完整、均匀性好、特色鲜明三大特点。革命文物基本涵盖了旧民主主义革命以来的各个历史阶段，红岩革命文物独具魅力；三峡文物揭示巴渝文化、移民文化发展脉络，印证三千年历史文脉；抗战文物是重庆最富价值、最具代表性的资源之一，是历史文化名城的重要载体；统战历史文物印证重庆是中国"政治协商"的诞生地。

一、围绕"5+5+2"总体思路，推动重庆文物事业高质量发展

"十三五"期间，重庆全面贯彻习近平总书记关于文物工作重要论述和视察重庆重要讲话精神，在国家文物局大力支持下，在市委、市政府坚强领导下，立足自身资源禀赋，围绕实施"五大文物保护工程"、建设完善"五大博物馆群"、推进"两大申遗工程"的"5+5+2"总体思路，推动文物保护实现"三大转变"：以文物抢救性保护为主向抢救性与预防性保护并重转变，以文物本体保护为主向文物本体与周边环境整体保护转变，以文物保护为主向文物保护与利用相结合转变。

一是五大文物保护工程成效显著。实施革命文物及抗战遗址、石窟寺及石刻、三峡文物、考古及大遗址、巴渝古建筑等重点文物保护项目629个，市级以上文保单位保存状况总体良好。红岩革命文物保护传承工程深入实施，完成重点革命文物保护展示项目200余个，开工建设红岩文化公园、长征国家文化公园（重庆段）。红岩革命故事特色思政课在全国展演259场，现场观众超34.62万人次。石窟寺保护取得显著成效，实施大足石刻、合川涞滩二佛寺、南岸区弹子石摩崖造像等重点项目42个，全市重点石窟寺保存较好。大足石刻千手观音、潼南大佛寺修缮工程获评"全国十大优秀文物维修工程"。出版《大足石刻全集》考古报告。考古及大遗址保护成果丰硕，累计完成考古项目391项，出土文物及标本约3.7万件（套）。钓鱼城范家堰衙署遗址入选"2018年度全国十大考古新发现"，老鼓楼衙署遗址公园开工建设。巴渝古建筑保护利用不断拓展，实施渝中区湖广会馆、梁平双桂堂等重点文物建筑保护展示工程，累计开放重点文物160余处。湖广会馆、曾家岩书院入选国家文物局"文物建筑开放利用案例"。

二是基本建成五大博物馆群。新增博物馆24家,总数达107家,基本构建起以重庆中国三峡博物馆、重庆红岩革命历史博物馆、重庆抗战遗址博物馆、重庆工业博物馆、重庆自然博物馆为支撑的历史、革命、抗战、工业、自然五大博物馆群,年均推出精品展览210余个,接待观众约3900万人次。

三是申遗工作取得重要进展。钓鱼城遗址、白鹤梁题刻申遗列入市政府重点工作。申遗文本、保护规划、管理办法三大要件齐备,钓鱼城范家堰衙署遗址、薄刀岭宋代城墙等考古项目取得重要发现,开展钓鱼城同类遗址比较研究、白鹤梁题刻价值研究等课题研究,进一步丰富两处遗产价值内涵。

二、三峡文物保护成为长江文化保护传承的成功范例

习近平总书记指出:"长江造就了从巴山蜀水到江南水乡的千年文脉,是中华民族的代表性符号和中华文明的标志性象征,是涵养社会主义核心价值观的重要源泉。要把长江文化保护好、传承好、弘扬好,延续历史文脉,坚定文化自信。要保护好长江文物和文化遗产,深入研究长江文化内涵,推动优秀传统文化创造性转化、创新性发展。"

三峡文物保护是三峡工程重要组成部分,是迄今我国规模最大的文物保护工程,也是长江文化保护传承的成功范例。三峡文物保护历经前三峡和三峡后续两个阶段,历时近30年,累计完成投资16.93亿元,实施项目966个,包括地面文物保护项目363个、地下文物保护项目603个。

(一)前三峡文物抢救保护满足了三峡工程建设需求

1992—2010年前三峡文物保护工作阶段:投入资金9.28亿元,完成文物保护项目787项。其中实施地下文物保护项目541项,发掘面积131万平方米,出土文物14.3万件;实施地面文物保护项目246项,包括原址保护57项、搬迁保护91项、留取资料98项,如期完成了三峡文物保护规划任务。一是满足了三峡水利工程如期蓄水的要求,确保了三峡工程综合效益的发挥。三峡文物保护涉及全市22个区(县),占总淹没区(县)的75%和文物保护数量的69%。全国10多个省市70多个文物保护研究机构和单位,数千名文物工作者先后参与三峡文物保护工作,超额完成三峡文物保护规划任务,确保三峡工程按时蓄水,配合了国家重大战略的实施。二是建立了三峡人文历史的新坐标,展示了久远厚重的巴渝历史文化。重庆库区541处考古遗址,14.3万件出土文物,建立了三峡地区旧石器时代、新石器时代文化序列,进一步完善了重庆地区历史文化序列。三是探索了文物工作新体制机制,提升了文物保护理念和工作水平。探索形成的"先规划、后实施"等管理制度,开创了我国大型文物保护工程管理先河。白鹤梁原址保护并建成世界上第一座水下博物馆,忠县石宝寨保护工程是我国具有代表性的文物保护构筑物工程,张飞庙搬迁保护是我国规模最大的地面文物搬迁保护工程。四是推动了三峡库区文物事业建设,促进了经济社会和谐发展。全面摸清重庆库区文物资源基本情况,为文物资源普查和三峡后续文物保护工作奠定坚实基础,一大批文物提升了保护级别,强化了三峡库区乃至全市文博人才队伍建设。建成白鹤梁、张桓侯庙、石宝寨等重点历史文化景区,充分展现三峡文物保护成果,促进库区经济社会发展。

(二)三峡后续文物保护深化长江文化保护传承

2011—2025年三峡后续文物保护工作阶段：截至2020年，投入资金6.2亿元，实施文物保护项目179个，目前已完工163项、在建16项。包括地面文物保护117个，实施消落区考古发掘项目62项，发掘面积11.74万平方米，出土文物2.9万件。一是基本建成三峡博物馆群。累计抢救修复出土文物13182件，展陈利用10231件，建成重庆中国三峡博物馆、重庆三峡移民纪念馆、忠州博物馆等综合性博物馆17家，系统展示长江文明和三峡文化。二是构建文物科技保护体系。建成三峡文物科技保护基地、三峡数字博物馆、三峡文物标本库房和三峡文物修复中心，全面构建起三峡文物科技保护体系。三是深入开展三峡历史文化研究。出版《长江三峡工程文物保护项目报告·重庆库区考古报告集》《长江三峡工程文物保护项目报告·忠县中坝》《三峡文物》等研究专著60部、学术文章400余篇，为创新性转化奠定学术研究基础。

同时，还存在考古研究工作滞后、出土文物亟待修复、文物资源转化利用不足等问题，亟待加以解决。

(三)加强三峡文物保护利用的对策举措

深入贯彻习近平总书记关于长江文化保护、传承、弘扬的重要论述精神，以创建长江三峡文物保护利用示范区为目标，全面加强保护、研究、利用和管理，推动更多三峡文物资源活起来，助力长江经济带高质量发展。

一是加强三峡文物系统性保护。对三峡历史文化资源开展"起底式"调查，对文物、非物质文化遗产、历史文化名镇名村、传统村落等进行全面调查，编制全市三峡文物保护利用专项规划，推动纳入国家文物事业发展"十四五"规划。推进三峡库区革命文物及抗战遗址、古建筑、石窟寺及石刻等重点文物保护，保护长江文化物质载体。制订三峡出土文物三年修复行动计划，整合市内外文物修复机构和力量，加强出土文物修复。

二是建设长江三峡国家考古遗址公园。按照"一园多点"模式，重点推进万州天生城、奉节白帝城、巫山龙骨坡、云阳磐石城、忠县皇华城、涪陵小田溪、涪陵龟陵城、江津石佛寺、两江新区多功城等遗址保护展示工程，联合湖北创建长江三峡国家考古遗址公园。

三是加快完善三峡博物馆群。依托涪陵白鹤梁水下博物馆建设中国水文博物馆、忠县皇华城遗址建设长江三峡考古遗址博物馆，重点展示长江文化和三峡考古成果。加快长寿、丰都、云阳、万州等区(县)博物馆建设或改扩建，实现三峡库区重点区(县)博物馆全覆盖。

四是加大三峡文物资源转化力度。加快三峡考古发掘研究报告出版。推动成立重庆长江文化研究院。建设三峡文物资源数据库，完善三峡数字博物馆建设。举办"三峡出土文物精品展"，加大三峡出土文物文创产品开发力度。策划三峡人文历史体验游、研学游等系列旅游产品，打造三峡人文旅游品牌，让文物保护成果更多惠及群众。

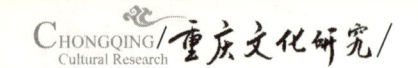

重庆三峡库区非物质文化遗产资源调查报告

罗敏

(重庆市文化和旅游研究院)

为全面贯彻党的十九大和十九届二中、三中、四中、五中全会精神,深入贯彻落实习近平总书记关于长江文化资源保护、利用和传承的重要批示精神,推动长江经济带非物质文化遗产的整体性保护,传承和弘扬中华优秀传统文化,根据国家文物局考古研究中心编制的《三峡库区历史文化遗产资源专题调查工作方案》要求,重庆市精心组织,扎实开展三峡库区非物质文化遗产资源调查工作,通过起底式调查,系统梳理非物质文化遗产资源,全面掌握三峡库区非物质文化遗产资源现状,形成本调查报告。

一、基本情况

(一)总体情况

三峡是长江的标志性河段,三峡文化是长江文明的华彩乐章,重庆三峡库区非物质文化遗产承载着巴渝文化和三峡文化的丰富内涵。本次三峡库区非物质文化遗产资源调查范围涵盖24个区(县)和9个市级单位,具体包括巫山县、巫溪县、奉节县、云阳县、开州区、万州区、忠县、涪陵区、丰都县、武隆区、石柱县、长寿区、渝中区、北碚区、沙坪坝区、南岸区、九龙坡区、大渡口区、江北区、渝北区、巴南区、江津区、高新区、两江新区等。需要说明的是,因行政区划变化,故将高新区、两江新区都纳入了调查范围,此外,市级单位重庆市体育局(位于渝中区)、重庆市商务委(位于南岸区)、重庆市国资委(位于渝北区)、重庆市非物质文化遗产保护中心(位于渝中区)、重庆市川剧院(位于渝北区)、重庆市曲艺团(位于渝中区)、重庆市杂技艺术团(位于渝中区)、重庆市火锅协会(位于渝中区)、重庆市美术责任有限公司(位于渝中区)等一并纳入调查范围。

重庆三峡库区的非遗保护工作坚持"保护为主、抢救第一、合理利用、传承发展"的工作方针,围绕政策法规、保护项目、传承人、区域整体保护、基础设施和工作机制等六大体系建设整体推进,政策机制日益健全,队伍规模逐步扩大,传承实践日趋活跃,见人见物见生活的保护理念深入人心,全社会对非遗保护的参与热情日益提高。根据统计,重庆三峡库区国家级非物质文化遗产代表性项目

28项,占比52.83%;市级非物质文化遗产代表性项目429项,占比60.82%;区(县)级非物质文化遗产代表性项目1628项,占比47.49%。

通过调查发现,三峡库区(重庆)范围内非物质文化遗产资源丰富,主要具有以下三个特点:一是资源富集。重庆三峡库区非遗资源数量较多,全市52.83%的国家级非遗代表性项目、60.82%的市级非遗代表性项目、47.49%的区(县)级非物质文化遗产代表性项目集中分布在三峡库区,数量占重庆市非遗项目数量的一半左右。二是文化多样。重庆三峡库区历史悠久,它是人类最早的发祥地之一,也是巴渝文化、三峡文化、移民文化的发源地,相伴而生形成了丰富多彩的非物质文化遗产资源。三峡库区非物质文化遗产资源不仅有很强的代表性,而且具有较高的历史、文化、艺术价值,非遗十大类都有涉及。三是特质清晰。三峡库区自古以来就是多民族聚居地,经过各民族交往、交流、交融及其文化互容、互渗,非物质文化遗产资源具有辨识度高、地域性强等文化特质。

(二)开展调查的时间、单位和调查对象

1.开展调查的时间

2021年5月—2021年9月。

2.开展调查的单位

非物质文化遗产资源调查牵头单位为重庆市文化和旅游发展委员会(以下简称"市文化旅游委")。具体实施单位为重庆市非物质文化遗产保护中心、相关区(县)文化和旅游发展委员会。

3.调查对象

本次调查对象为三峡库区(重庆)范围内非物质文化遗产代表性项目名录基本情况。调查中针对项目名称、所在区(县)、项目类别、级别、公布时间、保护单位、项目简介等情况分别进行统计。纳入统计范围的为国家、市级、区(县)级代表性项目,以公布时间的最高级别为准,不重复统计。

(三)调查工作流程

在参考非物质文化遗产代表性项目名录资料和其他相关调查资料的基础上,采取全面调查与重点调查、历史调查与现状调查、文献调查与实地调查相结合的方法进行。专题调查从2021年5月开始,至2021年9月结束,分三个阶段进行:

第一阶段:2021年5—7月,市、区(县)组建工作队伍,编制调查工作方案,开展调查工作培训;以区(县)和有关单位为单元,开展专题调查工作,实施调查和数据采集录入,完成各区(县)和有关单位调查报告。

第二阶段:2021年8月,汇总全市调查成果,复核调查数据和资料,组织专家对全市调查数据和资料进行复核,完成《重庆三峡库区非物质文化遗产资源调查报告》。

第三阶段:2021年9月,参与《重庆三峡库区文化遗产保护利用专项规划》大纲编制。

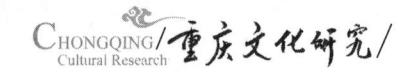

(四)资源分类统计

重庆三峡库区非物质文化遗产代表性项目共2085项,有国家级非物质文化遗产代表性项目28项,市级非物质文化遗产代表性项目429项,区(县)级非物质文化遗产代表性项目1628项。下面将按所在区(县)、项目类别、项目级别分别对三峡库区(重庆)范围内非物质文化遗产资源进行统计。

1.按所在区(县)统计

重庆三峡库区非物质文化遗产代表性项目共2085项,其中,忠县非遗代表性项目数量最多,共有219项。按所在区(县)统计,三峡库区各区(县)非物质文化遗产代表性项目数量分别是:忠县有219项,占比为10.50%;武隆区有159项,占比为7.63%;涪陵区有154项,占比为7.39%;北碚区有142项,占比为6.81%;石柱县有136项,占比为6.52%;万州区有135项,占比为6.47%;渝北区有105项,占比为5.03%;巫山县有97项,占比为4.65%;江津区有85项,占比为4.08%;云阳县共有84项,占比为4.03%;奉节县共有78项,占比为3.74%;开州区有70项,占比为3.36%;沙坪坝区共有69项,占比为3.31%;大渡口区有66项,占比为3.17%;渝中区、巴南区各有65项,占比均为3.12%;长寿区、巫溪县各有61项,占比为2.93%;南岸区、丰都县各有57项,占比均为2.73%;九龙坡区有45项,占比为2.16%;江北区有41项,占比为1.97%;高新区有26项,占比为1.25%;两江新区有8项,占比为0.38%;市级单位有20项,占比为0.96%。(见表1)

表1 重庆三峡库区非遗代表性项目统计表[按区(县)统计,按数量多少降序排列]

序号	所在区(县)	非遗代表性项目数量(项)	占比(%)
1	忠县	219	10.50
2	武隆区	159	7.63
3	涪陵区	154	7.39
4	北碚区	142	6.81
5	石柱县	136	6.52
6	万州区	135	6.47
7	渝北区	105	5.03
8	巫山县	97	4.65
9	江津区	85	4.08
10	云阳县	84	4.03
11	奉节县	78	3.74
12	开州区	70	3.36
13	沙坪坝区	69	3.31
14	大渡口区	66	3.17
15	渝中区	65	3.12
16	巴南区	65	3.12
17	长寿区	61	2.93

续表

序号	所在区（县）	非遗代表性项目数量（项）	占比（%）
18	巫溪县	61	2.93
19	南岸区	57	2.73
20	丰都县	57	2.73
21	九龙坡区	45	2.16
22	江北区	41	1.97
23	高新区	26	1.25
24	两江新区	8	0.38
	合计	2085	

2. 按项目类别统计

重庆三峡库区非物质文化遗产内容丰富，覆盖非遗十大类别。在十个类别中，传统技艺类项目数量最多，有775项。按类别进行统计分别是：传统技艺类项目775项，占比为37.17%；传统音乐类项目263项，占比为12.61%；民俗类项目231项，占比为11.08%；传统美术类项目共177项，占比为8.49%；民间文学类项目共172项，占比为8.25%；传统舞蹈类项目共137项，占比为6.57%；传统医药类项目共135项，占比为6.47%；传统体育、游艺与杂技类项目共92项，占比为4.41%；曲艺类项目共67项，占比为3.21%；传统戏剧类项目共29项，占比为1.39%；其他类项目共7项，占比为0.34%。（见表2）

重庆三峡库区国家级非遗代表性项目共28项，其中传统音乐类、曲艺类项目数量最多，各有6项；其次，传统医药类4项；传统技艺类、传统美术类各3项；民间文学类2项；传统舞蹈类，传统戏剧类，传统体育、游艺与杂技类，民俗类各1项。（见表2）

重庆三峡库区市级非遗代表性项目共429项，其中传统技艺类项目数量最多，有156项；其次，传统美术类50项；传统音乐类49项；民间文学类45项；传统舞蹈类、传统医药类各28项；民俗类27项；传统体育、游艺与杂技类18项；曲艺类15项；传统戏剧类13项。（见表2）

重庆三峡库区区（县）级非遗代表性项目共1628项，其中传统技艺类项目数量最多，有616项；其次，传统音乐类有208项；民俗类203项；民间文学类125项；传统美术类124项；传统舞蹈类108项；传统医药类103项；传统体育、游艺与杂技类73项；曲艺类46项；传统戏剧类15项；其他类7项。（见表2）

表2 重庆三峡库区非遗代表性项目统计表(按类别)

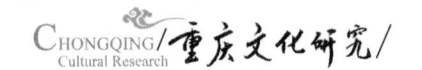

序号	类别	国家级代表性项目数量(项)	市级代表性项目数量(项)	区(县)级代表性项目数量(项)	非遗数量(项)	占比(%)
1	传统技艺	3	156	616	775	37.17
2	传统音乐	6	49	208	263	12.61
3	民俗	1	27	203	231	11.08
4	传统美术	3	50	124	177	8.49
5	民间文学	2	45	125	172	8.25
6	传统舞蹈	1	28	108	137	6.57
7	传统医药	4	28	103	135	6.47
8	传统体育、游艺与杂技	1	18	73	92	4.41
9	曲艺	6	15	46	67	3.21
10	传统戏剧	1	13	15	29	1.39
11	其他	0	0	7	7	0.34
合计		28	429	1628	2085	

注:区(县)级代表性项目其他类共7项,忠县5项,万州区2项。

3.按项目级别统计

重庆三峡库区国家级非物质文化遗产代表性项目共28项,其中市属单位国家级非物质文化遗产代表性项目数量最多,有8项;其次,渝中区、石柱县各有3项;万州区、南岸区、巴南区各有2项;涪陵区、江北区、渝北区、丰都县、奉节县、巫山县、巫溪县、高新区各有1项。在此次统计中,有11个区(县)没有国家级项目,占比35.48%。(见表3)

重庆三峡库区市级非物质文化遗产代表性项目共429项,其中涪陵区市级非物质文化遗产代表性项目数量最多,有37项;其次,渝中区、江津区、武隆区、奉节县各有26项;万州区、南岸区各有24项;北碚区有23项;石柱县有19项;巫山县有17项;九龙坡区、丰都县、忠县各有16项;大渡口区、渝北区各有15项;沙坪坝区、开州区、云阳县各有14项;市属单位有12项;长寿区有12项;巴南区、巫溪县各有11项;江北区有8项;高新区有5项;两江新区有2项。(见表3)

重庆三峡库区区(县)级非物质文化遗产代表性项目1628项,其中,忠县区(县)级非物质文化遗产代表性项目数量最多,有203项;其次,武隆区有133项;北碚区有119项;涪陵区有116项;石柱县有114项;万州区有109项;渝北区有87项;巫山县有79项;云阳县有70项;江津区有59项;开州区有56项;沙坪坝区有55项;巴南区52项;大渡口区、奉节县有51项;长寿区、巫溪县有49项;丰都县有40项;江北区有32项;南岸区有30项;九龙坡区有29项;高新区有20项;渝中区有19项;两江新区有6项。(见表3)

表3 重庆三峡库区非遗代表性项目统计表（按级别）

序号	所在区(县)	国家级代表性项目数量(项)	市级代表性项目数量(项)	区(县)级代表性项目数量(项)
1	万州区	2	24	109
2	涪陵区	1	37	116
3	渝中区	3	26	19
4	大渡口区	0	15	51
5	江北区	1	8	32
6	沙坪坝区	0	14	55
7	九龙坡区	0	16	29
8	南岸区	2	24	30
9	北碚区	0	23	119
10	渝北区	1	15	87
11	巴南区	2	11	52
12	长寿区	0	12	49
13	江津区	0	26	59
14	开州区	0	14	56
15	武隆区	0	26	133
16	丰都县	1	16	40
17	忠县	0	16	203
18	云阳县	0	14	70
19	奉节县	1	26	51
20	巫山县	1	17	79
21	巫溪县	1	11	49
22	石柱县	3	19	114
23	高新区	1	5	20
24	两江新区	0	2	6
25	市属单位	8	12	0
合计		28	429	1628

(四)非遗工作开展情况

在文化和旅游部的领导下，重庆三峡库区以习近平新时代中国特色社会主义思想为指导，深入贯彻落实中办、国办印发的《关于实施中华优秀传统文化传承发展工程的意见》《关于进一步加强非物质文化遗产保护工作的意见》有关要求，根据《中华人民共和国非物质文化遗产法》《重庆市非物质文化遗产条例》，推动非遗保护传承，促进中华优秀传统文化创造性转化和创新性发展，取得了积极成果。

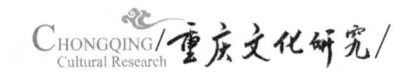

1.保护制度和工作体系更加健全

积极宣传《保护非物质文化遗产公约》《中华人民共和国非物质文化遗产法》《重庆市非物质文化遗产条例》，认真落实《重庆市非物质文化遗产代表性传承人管理办法》，编制完成《长江三峡流域（重庆）文化生态保护区总体规划》，针对认定、记录、建档、研究等基础性工作及名录体系建设、传统工艺振兴、文化生态保护等重点工作，不断完善非遗保护传承实践、保护传承能力、保护传承环境等方面的工作机制，保障了重庆三峡库区非遗工作依法依规高效推进。

2.保护传承体系不断完善

目前，重庆三峡库区共有28项国家级非遗代表性项目，代表性传承人36人；有429项市级非遗代表性项目，代表性传承人353名；有1628项区（县）级非遗代表性项目，代表性传承人2119人。国家、市、区（县）三级非遗名录体系已经形成。非遗进校园广泛开展，企业、社会组织和个人的参与积极性日益提高。

3.保护传承能力显著提升

稳步实施非遗传承人群研培计划，联合全市4所院校积极参与、实施传承人群研修研习培训计划，已累计举办研修、研习、培训26期，培训三峡库区学员500多人次。深入实施传统工艺振兴计划，重庆三峡库区的蜀绣、土家族吊脚楼营造技艺、重庆漆器髹饰技艺3个项目入选第一批国家传统工艺振兴目录。稳步实施非遗代表性传承人记录工作，重庆三峡库区累计开展29名国家级非遗代表性传承人记录拍摄工作，推进市级非遗代表性传承人记录工作。区域性整体保护进一步加强。

4.学术研究成果不断推出

重庆三峡库区各文化研究机构和区（县）组织形式多样的非遗理论研讨活动，"重庆非物质文化遗产丛书"以及《川江号子》《巴渝民俗戏剧研究》《巴文化研究——巴南非物质文化遗产集成》《涪陵非物质文化遗产名录图典》《玩牛》《石柱土家啰儿调》等一批富有学术和史料价值的著作出版问世，各区（县）形成了浓郁的学术研讨氛围。

5.非遗保护社会氛围更加浓厚

重庆三峡库区各区（县）积极参与"文化和自然遗产日""中国非物质文化遗产博览会""成都国际非遗节""长江非物质文化遗产大展"等全国非遗主题活动，精心打造地方活动品牌，已形成"禹王庙会""丰都庙会""中国长江三峡国际旅游节""重庆长江三峡（巫山）国际红叶节""印象武隆""天上黄水""巴南龙舟赛"等非遗活动品牌。构建常态化、专业化的非遗传播体系，培育高校非遗学术研究阵地和新媒体传播力量，全面展示了党的十八大以来非遗保护工作取得的优秀实践成果，促进非遗保护多层次、多渠道传播，营造了全社会传承发展优秀传统文化的氛围。

二、保护传承面临的困难和问题

从目前非物质文化遗产的发展来讲,虽然国家、市级层面出台了具体的法律法规,重庆三峡库区各区(县)也制定了相关的制度,但是由于受到多方面因素的影响,非物质文化遗产的保护传承还是面临着很多困难和问题。

(一)区(县)非遗保护机构有待健全

从总体上看,市文化旅游委专门成立了非物质文化遗产处,成立了市非物质文化遗产保护中心,三峡库区仅丰都县和石柱县2个县单独设立非遗保护中心,多数区(县)以合并、挂靠方式设立非遗保护中心,三峡库区缺乏强有力的工作机构组织实施非遗保护传承工作。而且,选择挂靠单位的区(县)还存在工作职责不明确、工作多头兼顾、专业素质不高等问题,无法满足非物质文化遗产保护工作专业化和长期稳定发展的需要。

(二)保护经费投入不足

经费不足是重庆三峡库区各区(县)在非遗保护传承工作中面临的主要问题之一。从三峡库区各区(县)财政投入来看,绝大多数区(县)未对本级非遗代表性传承人提供传承补助,部分区(县)因财力有限,安排的保护经费严重不足。尤其是一些发展相对滞后的地方,又恰恰是非遗资源丰富、保护任务繁重的地方。这些地方因财力的困难,非遗保护传承工作难以正常开展。

(三)队伍建设亟待加强

由于种种原因,各区(县)从事非物质文化遗产保护工作的人员较少,尤其是专业人才奇缺,严重制约着保护传承工作的正常开展。一是由于缺乏有效的人才培养和激励机制,从事挖掘、保护、传承、研究优秀传统文化的专业人才短缺,工作人员数量严重不足。现有人员兼职较多,大多岗位不固定、流动性大。二是基层文化工作力量较为薄弱,存在小马拉大车现象。基层文化队伍不稳定,乡镇文化专干还普遍存在"在编不在岗、在岗不在任"的现象,综合文化服务中心工作人员身兼多职,专业性不强。人才问题难以解决,严重影响非遗保护传承工作正常开展。

三、对策建议

2021年8月,中共中央办公厅、国务院办公厅印发了《关于进一步加强非物质文化遗产保护工作的意见》,并发出通知,要求各地区各部门结合实际认真贯彻落实。针对重庆三峡库区非遗保护传承存在的问题,如何采取行之有效的保护措施,使非遗资源得到有效保护和利用,是我们当前亟待解决的问题。为此,特提出如下建议。

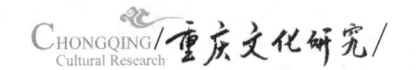

(一)积极融入国家战略

三峡库区(重庆)非物质文化遗产保护传承工作应主动融入国家战略,积极融入长江经济带发展、长征国家文化公园、成渝双城经济圈等国家重大发展战略中,加强保护利用、专题研究,举办品牌活动。加强长江流域非遗系统性保护工作,将三峡库区(重庆)非物质文化遗产及其得以孕育、发展的文化和自然生态环境进行区域性整体保护,突出地域和民族特色,启动文化生态保护区建设,修订《长江三峡流域(重庆)文化生态保护区总体规划》,积极创建市级文化生态保护区,有序推进长江流域文化遗产保护传承工作。推动建设长江国家文化公园,提高区域性整体保护水平。

(二)健全非物质文化遗产保护传承体系

进一步完善三峡库区(重庆)非物质文化遗产资源调查记录体系,推动区域国家、市、区(县)三级非遗代表性项目名录体系建设。加强分类保护,针对各类别非遗的不同特点,探索与之相适应的保护方式。建立完备的档案和数据库,开展非物质文化遗产代表性项目存续状况评测和保护绩效评估,制订并落实分类保护政策措施,优先保护急需保护的非物质文化遗产代表性项目,不断提高非物质文化遗产代表性项目的保护传承实践能力,弘扬当代价值,促进发展振兴。实施非物质文化遗产记录工程,促进记录成果广泛利用和社会共享。

(三)加强非遗传承人及工作人才队伍培养

以非遗项目为依托,加强对非遗项目代表性传承人的认定、保护、管理和扶持,完善传承人退出机制。加强传承梯队建设,促进传统传承方式和现代教育体系相结合,拓宽人才培养渠道,不断壮大传承队伍。资助传承人开展授徒传艺、教学、交流等活动;组织实施非物质文化遗产传承人群研修研习培训,帮助非物质文化遗产传承人群提高传承能力,增强传承后劲;对传承工作有突出贡献的非物质文化遗产代表性传承人予以表彰、奖励,采取助学、奖学等方式支持从业者学习非物质文化遗产相关技艺。强化机构队伍建设,建立起非物质文化遗产保护传承工作专职管理机构,配备专门的、懂业务、懂专业的非遗工作人员。三峡库区各区(县)建立独立的非物质文化遗产保护中心,配备专职非物质文化遗产保护传承工作人员。建立适宜非遗保护传承的人才管理机制,实行定编、定岗、定人。定期组织开展三峡库区非遗保护传承培训,提高工作人员的业务水平和工作能力;委托相关高等院校或机构,培养一批非遗保护传承专业人才;建立一支非遗保护传承志愿者队伍,鼓励和引导社会力量参与非遗保护传承工作。

(四)加大非遗宣传传播普及力度

一是积极组织三峡库区非遗项目、传承人、作品参加文化和自然遗产日、中国非物质文化遗产博览会(济南)、成都国际非遗节、长江非物质文化遗产大展(武汉)、中国非物质文化遗产传统技艺大展(黄山)等大型文化交流活动,推动跨地域交流。二是继续支持三峡库区内举办"禹王庙会""丰都庙会""中国长江三峡国际旅游节""重庆长江三峡(巫山)国际红叶节""印象武隆""天上黄水""巴南龙舟赛"等具有区域特色的品牌活动。三是适应媒体深度融合趋势,丰富传播手段,拓展传播渠道。充分发挥各级各类媒体的功能及作用,推出一批反映地方历史、民族文化、社会生活的影视作品、各类文化书籍,不断扩大社会影响。四是加强对外和同我国港澳台地区的交流合作。配合重要活动、节庆、会议等,组织非遗传承人、保护工作者参加我国港澳台地区以及对外的非物质文化遗产交流传播活动,助推三峡库区非物质文化遗产的国内外交流与传播。五是整合三峡库区内文化、教育等多方资源,推动各区(县)将非物质文化遗产保护知识纳入当地国民教育体系,推进非物质文化遗产进校园、进课堂、进教材,增强非物质文化遗产传承活力。

(五)加强非遗合理利用转化

一是鼓励借助和挖掘三峡库区非物质文化遗产资源,实施一批带动性强的文创开发项目,研发并提供具有三峡特色、民族特色、红色文化内涵和市场潜力的库区文化产品和文化服务;通过提炼三峡题材,提升创作和演出水平,推出一批民间文学、传统音乐、传统舞蹈、传统戏剧、曲艺等创作精品,用非遗形式再现三峡生活,讲好三峡故事;加强振兴传统工艺计划的实施,建立三峡传统工艺振兴目录制度,挖掘区域内传统工艺项目资源,培养一批能工巧匠,培育一批知名品牌,推动传统工艺振兴。二是鼓励三峡库区非物质文化遗产与演艺、旅游及娱乐等相关产业实现结合,充分发挥非物质文化遗产在旅游发展中的重要支撑作用,打造以非遗展示馆、非遗保护单位、非遗传承教育基地等为支撑的研学旅行、体验旅游、休闲旅游项目和精品旅游线路,推动三峡库区非物质文化遗产元素植入景区景点、融入城市街区、嵌入美丽乡村,推出三峡非遗主题的旅游线路,助力乡村振兴。

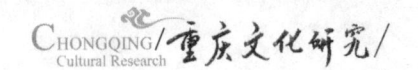

一次大胆而成功的文艺创新
——评杂技剧《一双绣花鞋》

卫洪

(重庆市文艺评论家协会)

2021年6月中旬,重庆杂技艺术团创排的杂技剧《一双绣花鞋》在重庆国际马戏城试演。中国杂技家协会主席边发吉观看后说:"重庆杂技艺术团用短短的时间打造出一台红色杂技剧,从现场观众的反应来看,鼓掌声和呐喊声持续不断,这部剧的首次试演很成功。"他认为杂技剧《一双绣花鞋》在框架结构、逻辑、故事线条方面已经表现得非常不错,接下来只要进行精心打磨,这部剧将成为一部文艺精品。近日,笔者慕名前往,一小时左右的演出如行云流水,当满场的谢幕掌声响起时,自己还沉浸在新颖、惊奇的感叹之中。

一、演绎红色经典,彰显作品思想性

现代杂技作为一门源自民间、精于院团的技巧型、力量型、运动型、极限型的肢体艺术,是一种更能展现人体运动之美的表演艺术,其最大的优势在于广大民众喜闻乐见,对观众群体的无选择性,几乎不存在鉴赏隔阂。但是,作为一门相对纯粹的肢体艺术,其最大的软肋则是难以表达细腻的人物情感和复杂的故事情节,难以承载丰富的思想表达。然而,在杂技剧《一双绣花鞋》中,创作团队却逆势而上,将一部惊险、刺激的反特大戏有机地植入杂技表演之中,使原本相对独立、看似毫无关联的各个杂技表演节目被一条无形的线紧紧串在一起,成为事件中的不同场景和叙事手段,使舞台中的演员由单纯的表演者变成了多元的剧中人。这样,就使作品的审美向度由单向转向双向甚至多向,极大丰富了观众的审美选择和想象空间。作品描述了重庆解放初期,人民公安干警与先前潜伏的地下工作者一道,为保护电厂,侦破国民党反动派以炸毁重要民生设施为重点的"C3"计划而与残留敌特展开殊死搏斗,最终取得胜利的感人故事,真实再现了山城解放初期严峻而残酷的斗争现实,表达了故事主人公敢于胜利、不怕牺牲的大无畏的革命情怀和不忘初心、牢记使命的英雄品格。这部剧使观众在观赏、品鉴的过程中,真切感受到当初新生的人民政权险恶的生存环境,更加体会到今天的幸福生活来之不易,从而产生对英雄的敬仰之心和对生活的珍惜

之情。观众通过精彩的杂技表演,在获得愉悦的同时得到了精神的滋养和思想的洗礼,这就是杂技剧《一双绣花鞋》最为重要的社会价值,当然也是创作团队所追求的目的与初衷。可以说,杂技剧《一双绣花鞋》不仅仅是在杂技表演中植入一个故事,而是在一件文艺作品中植入了灵魂,极大地提升了作品的思想性。

二、编织丰富剧情,突出作品故事性

文艺作品不同于宣传资料,它必须以艺术的形式在潜移默化中实现表达情怀、传递思想的目的,就是要做到"以事明理、以事言情"。为了打造好这部建党百年献礼作品,将杂技艺术与红色文艺作品进行融合创作是必然之路。但是红色文艺作品众多,选哪一类哪一件来进行再度创作一定是当初创作团队首要考虑的问题。最终选择重庆作家况浩文的反特小说《一双绣花鞋》作为创作母本,体现了创作团队的良苦用心。首先,该作品20世纪六七十年代即已在巴蜀地区广为流传,改编的电影、电视也广为传播,成为家喻户晓的地域文化符号,这样无疑会增加观众的代入感,降低观赏难度。其次,杂技的观赏体验以惊险、紧张、刺激为主,而小说《一双绣花鞋》阅读体验也以惊险、紧张、激烈为要,二者在鉴赏审美上有高度的契合。这样既降低了杂技剧可能带来的观赏风险,同时又叠加强化了审美体验,无疑为后续创作工作打下了坚实基础。为了实现创作意图,编导团队既坚持尊重原著又敢于二度创作,大胆舍去原作大量铺垫陈述内容,将叙事时间跨度压缩到电厂爆炸事件发生前的72小时内。为此,作品设计了解放初期山城市井生活、翻身解放的电厂工人欢快劳作、公安干警进入电厂与反动势力斗智斗勇、两位革命情侣的爱情表达、反动势力的猖狂反扑与垂死挣扎、山城人民获得的平安幸福环境、公安干警与潜伏敌特的最后决战、英雄献身和致敬英雄等主要场景。故事情节既环环相扣又穿插扩展,节奏时急时缓,场面一张一弛。在每个场景中,创作者都力求把杂技元素与故事情节有机地结合起来,尽量以杂技的方式营造故事场景和刻画人物特征。茶馆现场的自行车技和空翻抖杠、劳作现场的跷板弹跳和高台晃管、酒会现场的变酒魔术及双面滚环、追捕现场的动态钻圈和蹦床空翻、决战现场的浪桥飞人、致敬场面的皮绳飞旋等,紧张的故事情节与惊险的杂技表演完美结合。看得出来,此次创作单位是倾其家底,尽展绝活,让技巧与剧情相互赋能,使二者相得益彰。

三、融入民间文化,强化作品地域性

文化是民族的血脉,是人类的精神家园。就文化而言,民族的就是世界的,当然地方的亦是全民的。对于一家知名的地方文艺院团来说,挖掘、传承、展现、传播优秀地方文化,既是一项工作责任,更是一种社会担当。在杂技剧《一双绣花鞋》中,不论是背景设置、音乐选用,还是特定环境中演员的肢体语言、服饰道具等都充满了巴渝地方文化符号,这既是特色更是亮点。在肢体语言和服饰道具方面，开场的茶馆中，条凳上方桌边男男女女聚集一堂，喝茶聊天，猜拳行令，男女茶客随意坐在茶桌边观看街头艺人表演的细节，充分反映了山城当时真实的市井生活和开朗豪放的人物性格。从背景设置上看，几个主要场景都以当年山城特有的吊脚楼为背景，地域特色和年代特征指向性都特别明显，无须刻意交代即已让人一目了然。在民间音乐选用方面则更显突出。在巴渝大地耳熟能详的《太阳出来喜洋洋》《黄杨扁担》《川江号子》，以及母亲们对着婴儿反复吟唱舒缓而绵柔的摇篮曲调，无不让观众浸润在巴渝文化的地域风情之中。尤其是把《高高山上一树槐》（或曰《槐花几时开》）作为此剧"反特、爱情"双线并进中"爱情"线的主伴曲，在全剧中反复呈现，并在最后致敬英雄的剧情中，与主角的空中表演、群演的盛装舞蹈、背景的炫丽视频以及舞台的暖色光影一起构成了令人震撼的表演场面，将主人公的革命英雄主义情怀与舞台上的浪漫主义表现手法充分交融，推进剧情走向高潮。地域文化元素的大量应用，对本土观众而言使其倍感亲切，增加了对作品的亲近感；对于外地观众而言则使其倍感新奇，激发对作品的观赏兴趣。地方文化元素的运用，充分展示了巴渝文化的独特魅力，更体现了创作者满满的文化自信和文化自觉。

四、借助时尚舞美，提升作品观赏性

对于大多数观众，尤其是年轻观众来说，这部剧最直接的观感就是酷与炫，整台节目充满现代感和时尚感。编导团队结合剧情需要，充分利用演出场地顶尖的硬件设施和现代科技带来的舞美新理念、新技巧，为观众精心打造了一个极具视觉、听觉冲击力的观赏体验。重庆国际马戏城是我国西部唯一的国际马戏城，表演大厅空高近30米，预设的大量威亚为该剧众多空中表演提供了基本保障，增强了艺术效果。如在工厂劳作后的点题环节，舞台上更夫在一间阴冷暗淡的房间内发现一个皮包，正欲细瞧时，突然身后黑影闪现，将其击倒，夺走皮包……虽然这个桥段对于多数观众并不陌生，但当一股凉风突然从身后袭来，一个黑影猛然从自己头顶飞过冲向舞台时，不少观众还是被这突如其来的惊悚一幕吓了一跳，为整部剧的惊险紧张的观赏体验进行了足够的预热。升降舞台、动态道具的大量使用，不但丰富了舞台的立体表现层次，突出了舞台表达重点，更是增强了整个场景的动感，提升了戏剧表现力。这在剧中男女主角深情回忆当初爱情萌生时的并肩战斗经历、公安干警追捕潜伏敌特及剧尾男主角舍身护厂等场景中均得到充分展现。另外，利用灯光对舞台进行分区，实现同一舞台在视觉上的时空转换，为电影蒙太奇手法的应用提供了可能。同时，底幕LED显示屏切换播出的极具意象性的画面，成为配合前台艺术表达与氛围营造的重要手段，如在敌特活动时显示的黑云涌动，展现主角爱情故事时显示的三峡风光，致敬英雄时显示的花瓣飘飞都让人印象深刻。大量冷光的应用、模糊的绣花鞋影、不断变化的挂钟及不断缩短的时间提示在地面闪现……为整部剧营建了"险、冷、诡、急"的总基调。最后，当敌特被全歼，凶险的"C3"计划彻底破产后，场面暖光映照，英雄腾空翻飞，少年舞动鲜花，簇拥英雄、致敬英雄，正义一定战胜邪恶，英雄之魂永存天地的主题瞬间彰显，全剧也在高潮中落下帷幕。

当然，作为一台在不到半年时间创编出来的剧目，不论是在编排还是表演中的一些瑕疵也是显而易见的。由于排练时长的影响，一些难度相对较大的动作还不稳定，时有失误，影响表演效果。某些场景为了营造整体氛围，演员有喧宾夺主的现象。在表演追捕的场景中，如果能将青年人追捧的街头轮滑和"跑酷"相结合，营造出在街道、楼宇间激烈追逐的场面，那就会更加吸引年轻观众。

重庆是一座英雄之城、红色之城，红岩精神光耀青史。重庆杂技艺术团在中国共产党成立一百周年之际，精心打造了这部红色杂技剧，既是对建党百年的隆重献礼，更为山城人民奉献了一道提神醒脑的文艺大餐，给广大党员干部提供了一份增血补钙的精神食粮。开演一个多月，杂技团通过自己的宣传、推广和观众的口碑，就已经把十五场观演票基本售罄，收入近300万元。面对这可喜的市场表现，重庆杂技艺术团团长、该剧总导演陈涛说："在策划之初，我们就给自己定了目标，我们创排的剧目一定是以演出为中心的剧目。"显然，作为一个国有文艺院团，践行文艺"为人民服务、为社会主义服务"的宗旨，最终都需要通过演出来体现、通过观众来检验。一席话道出了创作团队的目的与初衷，这无疑就是"以人民为中心的创作导向"的一次生动实践。

习近平总书记指出："创新是文艺的生命。"这就要求广大文艺家把创新精神贯穿文艺创作生产全过程，增强文艺原创能力。杂技剧《一双绣花鞋》的成功，充分说明了文艺创新的重要性和必要性。该剧被纳入重庆市庆祝中国共产党成立100周年暨党史学习教育展演巡演优秀舞台剧目，不论从其思想性还是艺术性上讲，都堪称佳作。

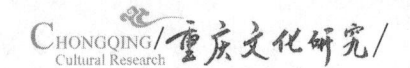

郭沫若的创作思想：人民性

刘德奉

（重庆市文化和旅游研究院）

近来，读《郭沫若全集》和相关研究他的文章，很是受感动，便有了这篇文章的写作冲动。再加上老一些的同志有的已经开始淡忘郭沫若先生了，并且还有些许微词；年轻的同志对于郭沫若先生不甚了解，有的人根本就没有读过郭沫若先生的书——如此下去，一位"杰出的作家、诗人和戏剧家，又是马克思主义的历史学家和古文字学家"（邓小平《在郭沫若同志追悼会上的悼词》）会渐渐淡出我们的视野。时间久了，会不会淡出历史，什么时候——五十年或者一百年之后，又如伟大的诗人杜甫，再被历史捞回来，岂不是一件可悲的事情？更何况，郭沫若的作品、郭沫若的功绩、郭沫若的创作思想，并没有过时，在当下仍然有学习、传播、弘扬的价值。今从其创作思想的角度谈些感想，与大家一起共同缅怀这位老先生，共同学习郭沫若的战斗精神，并用他的这种精神和创作思想，服务于当下的文学艺术创作，是为此文的旨向。

一

郭沫若创作思想的核心：人民性。这是他自己在《历史人物·序》中所说的："我好恶的标准是什么呢？一句话归宗：人民本位！"接着又补充道："我就在这人民本位的标准下边从事研究，也从事创作。"我阅读郭沫若的文章，前前后后也有近四十年的时间，真正领会和感悟到他"人民本位"这一创作思想，还是前几日读到这句话的时候，他这一观点突然让我脑门洞开：郭沫若著作的精髓不就是这四个字吗？

是的，郭沫若的所有文学作品，以及历史研究、考古研究，都具有"人民本位"思想，都是从人民本位出发。但是，从大众认识角度、更高境界层面出发，我把这"人民本位"思想转化为"人民性"来叙述。这人民性中又包含着革命性、爱国主义。这后两者是其人民性的重要组成部分，是他在大革命时期、新民主主义革命时期、解放战争时期的重要创作思想。他所有的作品，都是在这一创作思想引领下产生的重要成果。

本文所讨论的"人民性"重点是从他的文学创作角度展开的。其实，他在1928—1937年被蒋介石通缉逃亡日本的十年间所做的古代社会研究,甚至甲骨文、金文研究,都是对祖国热念的重要表现,同样具有人民性的特征。哪怕是一些故纸堆里的老东西,在郭沫若的笔下,在他的文字里面,都赋予了对祖国和人民的深情厚谊。

郭沫若创作思想的人民性,是体现在了他的骨子里的。他有很多关于创作思想认识的文章和观点,以及一切创作的实践,都没有偏离"人民性"这一方向。

他最早的具有人民性思想的创作观点,应该是他1920年2月23日发表在《学灯》上的《生命底文学》,这也是他对人民性的最早的认识。他说:"生命与文学不是判然两物。生命是文学底本质,文学是生命底反映。离了生命,没有文学。"文学具有反映生命的本质,生命的本质载体自然是人,是人民。其在《生活的艺术化》中也说道:"要用艺术的精神来美化我们的内在生活,就是说要把艺术的精神来做我们的精神生活。我们要养成一个美的灵魂。"这也就是说,要用艺术的作品来滋养广大人民群众,来提升人民的精神修为。这是他1923年的观点。到了1926年,在他的《文艺家的觉悟》中,人民性的思想便十分明确地表达出来了,整个文章都是在强调文艺的服务要为着人民,为着无产阶级。他说:"我素来就是站在民众方面说话的人,不过我从前的思想不大鲜明的,现在更加鲜明了些。我从前的思想不大统一的,现在更加统一了些罢了。"他继续说,并且响亮地呼叫着:"我在这儿可以斩钉截铁地说一句话,我们现在所需要的文艺是站在第四阶级说话的文艺,这种文艺在形式上是写实主义的,在内容上是社会主义的。除此以外的文艺都已经是过去的了,包括帝王思想、宗教思想的古典主义,主张个人主义、自由主义的浪漫主义,都已过去了。"这文中的第四阶级即无产阶级。并且,他在文中还提到了社会主义的概念。亦可见郭沫若的"人民性"是有马克思主义思想理论的影子的。在1941年的一篇名为《今天创作的道路》的文章中,郭沫若的"人民性"便十分成熟了,甚至已经成为他在创作思想方面坚定不移的信念了。他在这个时候,不仅以"人民性"为指引,所创作的作品很丰富,也在社会上产生了极大的影响,并被广大人民群众所接受。他在文章中还强调:"无论任何艺术,没有不是为人生的,问题只是在所为的人生是为极大多数人,还是为极少数人;更进是为极短暂的目前,还是为极为长久的永远。"这里道出了一个真理,只有为人民的艺术,才是永久的艺术,才具有长远的历史意义。《文艺与民主》这篇文章更具有"人民性"的深度。人民性是民主的表现形态之一,他在文中说:"文艺从它的本质上说来,它便是反个人主义的东西。任何个人都不能脱离社会而生存,因而任何个人活动也都不能缺乏对象而存在。如是专为个人享受,根本便不会有文艺的要求产生了。"他然后说:"任何文艺作品,凡是与下层生活脱离的,便都是歪辟的东西。文艺作品的价值和它与人民生活的距离成反比。距离愈大,价值愈低。距离愈小,价值愈大。"同时,他还说:"文艺本身便是民主精神的表现,没有民主精神便不会有真正的文艺。"在大革命时期、新民主主义革命时期、解放战争时期,郭沫若把"人民性"作为一种创作思想,并用极高的声音向全社会传递。到了新中国成立之后,他的这一思想仍然坚持着。他1950年发表在《文艺报》上的致吴韵风同志的信中,专门讨论旧诗词写作时说:"写作新诗歌始终是今天的主要道路。诗歌工作者的任务是要建立为人民服务的新

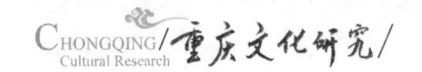

的民族形式。"

郭沫若创作思想的人民性,不仅仅是停留在理念上,他还总结和提出了实现这一创作思想的路径。《"民族形式"商兑》一文是郭沫若系统探讨文艺民族形式的源流、发展状况和未来走向的一篇文章,当谈到中国新文艺状况时,他是不满意的,要求作家"要投入大众的当中,亲历大众的生活,学习大众的言语,体验大众的要求,表扬大众的使命"。特别是他还专门写了一篇《向人民大众学习》的文章,阐述了我们为什么要向人民大众学习,如何向人民大众学习,坚决反对一些浮在空中楼阁,甚至不向人民大众学习的现象。文章不长,内容却很有深度,对存在问题的批评也十分尖锐,对于创作实践坚持人民性的思想是有导向作用的。他不仅对社会创作的普遍性有这样要求,在《向青年作家致辞》一文中,专门针对青年创作者也提出:"到农村、工厂和广大人民群众中去,深入生活,才能够创作出有价值的作品,来鼓励生产,促进国家的建设。"同时,他还强调:"先做好劳动人民的学生,然后才有可能做好劳动人民的先生,做劳动人民的灵魂工程师。"(《关于诗歌的民族化群众化问题——给〈诗刊〉的一封信》)其实,这才是深入人民大众的思想根基。没有这样的基本态度,便没有深入人民大众的基本动力,即使你身入了,心也不会入,或者是被动的、肤浅的,甚至排斥的。这样的带有思想障碍的深入,不仅没有积极意义,有可能还会产生负面影响,写出一些消极的、偏激的、病态的东西来。这样的深入是没有必要的,其创作的作品也是没有积极意义的。

郭沫若是这一思想的指导者,也是这一思想的实践者。他大量的文学作品,特别是自传性的《学生时代》《水平线下》《革命春秋》《洪波曲》,在反映个人人生经历的同时,更重要的是反映了那个时代的社会动荡、国家战乱、民众反抗、民族抗争的生动场景。正如他在《少年时代·序》中所言:"通过自己看出一个时代。""睁开眼睛为比自己年轻的人们领路。"朋友,请你读读郭沫若这些自传吧,他为曾经的人领过路,也会为我们今天的人,甚至明天的人领路的。

二

"革命性"是郭沫若"人民性"的核心思想,他有一系列专门文章和深刻的思想观点,并且还着力于建设"革命文学"系统的理论。无论怎样,郭沫若在他所处的革命时代,在文学上,特别是在"革命文学"的引导上,是发挥了重要作用的。早在1923年,他就发表了《艺术家与革命家》的专文,文章虽然不长,却透彻地阐述了艺术家与革命家的关系。他说艺术家和革命家共同促进社会的革命:"我在此还要大胆说一句:一切真正的革命运动都是艺术运动,一切热诚的实行家是纯真的艺术家,一切热诚的艺术家也便是纯真的革命家。"三年后,即1926年,他在《文艺家的觉悟》中又谈到了"革命文学"的思想,并且说:"先把民众的痛苦叫喊了出来,先把革命的必要叫喊了出来,所以文艺每每成为革命的前驱,而每个革命时代的革命思潮多半是由于文艺家或者于文艺有素养的人滥觞出来的。"他在这里深刻地道出了革命文学的根和源,并赋予文艺家以革命者的使命。就在上文发表了一个月后,郭沫若又发表了《革命与文学》一文,深入地探讨了革命与文学的关系、革命文学的重要性、当前革命文学应当如何发挥作用等问题。其中就说道,"文学和革命根本上不能两立","文学是革命的前驱","革命时代的希求、革命的感情是最强烈、最普遍的一种团体感情,由这种感情表现而为文章,来源不穷,表现的方法万殊,所以一个革命的时期中总含有一个文学的黄金时代了"。并且,文章强调:"无产阶级的理想要望革命文学家点醒出来,无产阶级的苦闷要望革命文学家实写出来。要这样才是我们现在所要求的真正的革命文学。"文章的最后还号召:"青年!青年!我们现在处的环境是这样,处的时代是这样,你们不为文学家则已,你们既要矢志为文学家,那你们赶快要把神经的弦索扣紧起来,赶快把时代的精神提着。我希望你们成为一个革命的文学家,不希望你们成为一个时代的落伍者。""我们昭告着我们,我们努力着向前猛进!"朋友,你读到我这些简短的摘要,你的心情怎样呢?反正我书写这些句子时,已经是亢奋不已,笔不落纸,文不加点了。如果你读了原文,如果你处于那个需要你付出的革命时代,我相信,你一定会拿起笔,成为一个优秀的革命文学家,成为一个用文学吹响冲锋号角的勇敢战士。

郭沫若是"革命文学"的倡导者,也是坚定的实践者。我们阅读郭沫若的作品,字里行间都充满着革命的朝气、战斗不屈的品格和必胜的信心。我们读他的诗《女神》《星空》《瓶》《前茅》《恢复》《战声集》等,哪一篇不让你心血激荡?哪一篇不激发你冲锋战斗?读读这些高亢激昂的诗吧:"你去,去寻那与我的振动数相同的人/你去,去寻那与我的燃烧点相等的人/你去,去在我可爱的青年的兄弟姊妹胸中/把他们的心弦拨动/把他们的智光点燃吧!"(《女神·序诗》)"我飞奔/我狂叫/我燃烧/我如烈火一样地燃烧/我如大海一样地狂叫/我如电气一样地飞跑……我剥我的皮/我食我的肉/我吸我的血/我噬我的心肝……我便是我呀/我的我要爆了!"(《女神·天狗》)。这种对时代压抑的抗争,可见革命前夜之时代景象。这样有革命号召精神的诗,在郭沫若所处的时代,有着重要的革命文学的引领作用。就是在今天这样一个和平时代里,读起这些诗来,你不也会亢奋地走上工作岗位,无私地为之奉献吗?我认为,这也是文学名著永远具有其文学价值之所在。我们读郭沫若的历史剧,剧中也有许多让人亢奋的句子,激励着人们去反抗、去战斗、去为革命而牺牲。如《屈原》剧中的"屈原:在这战乱的年代,一个人的气节很要紧。""我们生要生得光明,死要死得磊落。"屈原:光明啊,我景仰你,我景仰你!我要向你拜首,我要向你稽首……鼓动吧,风!咆哮吧,雷!闪耀吧,电!把一切沉睡在黑暗怀里的东西,毁灭,毁灭,毁灭呀!"

三

爱国主义是革命的前提,也是人民性的最根本的体现。不爱国何以革命?在阶级矛盾十分突出的社会环境中,没有革命精神,又何谈人民性思想?所以,郭沫若认为,他的革命也好,人民性也好,其根本是因为他爱国。是的,他是一个爱国主义者。他作为一个文人,北伐时期参加革命,随军队一同上前线,直接参加作战。我们读其《北伐途次》,会为此深深感动。抗日战争时期,他又从日本回到中国,直接参加抗日工作。我在四年前买过一套重庆出版社出版的《世界反法西斯文学书系》,其中

"中国卷"的散文集中,就读到他的一篇文章,题为"由日本回来了",里面写他为了抗日与妻儿不辞而别,半夜里看了看熟睡的妻儿便轻轻地溜出家门,躲过日本重重监视,艰难地回到中国。这种精神在古代的传说中大有文献,然在当代的郭沫若身上表现了出来,不可谓不让人敬佩啊!朋友,如果这事落到你我身上,会这样抉择吗?这篇文章被收录在《郭沫若全集》(文学编 第十三卷)。当我再次读到这篇文章时,又为他的爱国精神所感动了。还有两篇长文,也最能体现他的爱国主义精神,即《请看今日之蒋介石》《脱离蒋介石以后》。作为一个文人,他有这种勇气直接揭露蒋介石破坏革命的罪行,是难能可贵的要知道在大革命时期,蒋介石已经是军队的总司令,实际上也是国家的最高权力者。而郭沫若作为一介书生,提笔写檄文,号召全国人民起来打倒他,真是"胆大到极点、勇敢到粗鲁"。他在《请看今日之蒋介石》一文的最后是这样说的:"我在南昌草写这篇檄文,愿忠实的革命同志,愿我一切革命的民众迅速起来,拥护中央,迅速起来反蒋!"哪怕他后来遭到蒋介石的通缉,并逃亡日本十年,也没有为此后悔过。

那么,郭沫若的爱国主义思想和具有爱国主义思想的文学作品,来自哪里?他在《答青年问》中说:"我始终还是一个爱国主义者,五四以前,看不起文学,后来认识到文学对革命还是能起鼓舞推动作用的,就想通过文学使中国起变化,想用诗歌唤醒睡狮。所以,有一个时期,差不多把力量全放在文学上。"是的,他在大学时期,哪怕停学,也要回到上海搞文学,创造社的《创造》杂志就是在这样的爱国主义精神激励下办起来的。他在该文中继续说,他"是在日本受气回来的,脑子里总是想着:中国怎样才能强盛起来?对外国帝国主义很仇恨"。回来的不止他一个人,还有成仿吾、郁达夫等。同时,这也说明,在国家危难时期,有志青年都有强烈的爱国心,郭沫若是其中的一个,并且用行动和文学作品表达了出来,体现了自己的价值,也影响了更多的人。

四

"一个伟大的诗人或一首伟大的诗,无宁是抒写时代的大感情的。诗人要活在时代里面,把时代的痛苦、欢乐、希望、动荡……要能够最深最广地体现于一身,那你所写出来的诗也就是铸造时代的伟大的史诗了。"这是郭沫若1944年在《诗歌的创作》一文中所表达的观点。这一观点既是他一贯的主张,也是他的创作指引;既是他年轻时的文学追求,也是他五十多岁后的经验总结。他有这样的思想,更有这样的行动,在他所有的文学作品、历史研究中,都充分体现出来了。他的自传虽然不成体系,但不单是为描述个人生活而自传,不单是为美化自己而放弃真实。从他的自传中看到了当时整个的时代状况:动荡、战乱、腐败、民族危亡、民众苦难……这是郭沫若的创作使命,也是他的创作动力。他要把这一切都书写出来,传达出去,激励人们奋起抗争。

他的历史剧,不是历史的重复,不是史实的再现,而是借古激今。1990年代中期,一个大雪纷飞的冬天,我骑着自行车在一位卖旧书的朋友家中,买到了一些并不完整的《沫若文集》,共计五本,其中就有完整的历史剧,回到家里连夜阅读,一周便读完了所有剧本和附文。二十多年后的今天,仍记得其给我的感觉：这些史剧激起我去战斗，为救亡而牺牲。这是郭沫若作品的时代价值，也是他史剧的伟大之所在。现在虽然没有战争了，虽然处在和平时期，虽然过上了幸福小康的日子，读着这些史剧，仍有现实价值：安不忘危，努力奋斗，只有国强，才能自由。

在《诗歌的创作》的文章中，郭沫若说："你的人格够伟大，你的思想够深刻，你确能代表时代，代表人民，以人民大众的心为心，够得上做人民大众的喉舌，那你便一定能够产生得出铸造时代的诗。"这是对诗人的要求，也是对一个文艺家的要求。确也如此：没有伟大的人格，没有伟大的思想，何以能够写出伟大的作品？整天都在卿卿我我，整天都在围着小利益打转转，整天都在享乐之中，这样的作家肯定写不出令人亢奋的作品、引领时代的作品、流传千古的作品。郭沫若的作品，能够产生时代影响，成为时代号角，这与他的人格伟大、思想伟大是分不开的。当然，要具有伟大的人格、伟大的思想，不是凭空可得来的，不是唱唱高调就能企及的，而是要融入时代的洪流，深入时代的底层，浪及时代的峰尖，勇敢地战斗，不畏自己的牺牲。郭沫若就是这样的勇士，就是这样的典范。同时，还要有理论的引领，学习先进的思想，吸收先进的理论。马克思主义就是郭沫若革命思想的理论武器。他自己就说过，他是受过十月革命影响的。这十月革命就是马克思主义指导下列宁主义的成果。郭沫若还翻译过日本有名的马克思主义经济学者河上肇的著作《社会组织与社会革命》，他在《答青年问》中说："翻译这书对我当时的思想是有帮助的，使我前期的糊涂思想澄清了，从此我初步转向马克思主义方面来。"后来，在中共的领导下，郭沫若成为一个真正的马克思主义者，并且用马克思主义观点和方法开展历史研究，取得了辉煌的成果，成为新中国马克思主义历史学的开拓者。

在郭沫若的创作使命中，他还有一个重要的思想，即"创造"。创造贯穿他的一生，创造成为他所有作品的新张力。创造也是他成为伟大文学家、史学家、剧作家的活水源头。他的诗具有强烈的创造性，从不拘泥于某种形式，无论是他的现代诗，还是他的旧体诗，都是如此。他的《凤凰涅槃》既是诗，又是诗剧；既有情节之感，又无人物形象之传统；既有诗的语言，又有号召式的呼喊。他的诗虽然受过泰戈尔、歌德、海涅、惠特曼等人的影响，但他更多的是直抒胸臆，有多么丰富的激情就有多么激昂的文字，豪放也好，冲淡也好，都是内心的冲动。他在《我的作诗的经过》中有一则故事，可以典型地说明这个问题。文中说："《地球，我的母亲》是民八学校刚好放了年假的时候做的。那天上半天跑到福冈图书馆去看书，突然受了诗兴的袭击，便出了馆，在馆后僻静的石子路上，把'下驮'（日本的木屐）脱了，赤着脚踱来踱去，时而又率性倒在路上睡着，想真切地和'地球母亲'亲昵，去感触她的皮肤，受她的拥抱。——这在现在看起来，觉得有点像发狂，然在当时却委实是感受着迫切。在那样的状态中受着诗的推荡、鼓舞，终于见到了她的完成，便连忙跑回寓所去把来写在纸上，自己就觉得好像真是新生了一样。"我相信写诗的人确会有这样的感觉，甚至也有这样的经历。但是，所呈现出来的诗作，却是打破一切固有的形式，却没有被诗法的框框所套住，长则长，短则短，文雅则文雅，温婉则温婉，怒号则怒号，甚至到了爆炸的程度。尤其是在那革命的年代，在那民族和国家需要救亡的年代，这诗就是唤醒的炸雷，这诗就是冲锋的号角。他的历史剧也是这样。他在《历史·史剧·现实》一

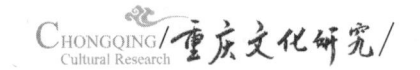

文中说,"历史研究是'实事求是',史剧创作是'失事求似'","史学家是发掘历史的精神,史剧家是发展历史的精神"。这是多么有创造性的创作思想!这是多么有哲理的创作思维!在这样的指导思想下,郭沫若的所有史剧确是这样创作的。特别是《屈原》的人物安排,更有一定的创造性。郭沫若在《序俄文译本史剧〈屈原〉》中说:"我不想否认,这里面是有不少的想象成分的。例如最忠于他而且爱他的女弟子婵娟,最后救他出走的那位自愿做他的'仆夫'的卫士,都是我所虚构的人物。"连人物都可以虚构,这在史剧中可能是唯少有的吧。而且他这种创作的目的是"借了屈原的时代来象征我们当前的时代"(同前),并且取得了非常好的社会效果:"剧本的发表和演出,从进步方面受到了前所未有的热烈的欢迎,而从反动方面却也受到了前所未有的猛烈的弹压。"(同前)在郭沫若看来,一切的历史剧都是为着当下的时代服务的,没有历史剧的时代性,便没有艺术的价值存在。

五

如果说"人民性""革命性""爱国主义"是郭沫若的创作思想、创作信念、创作指引,如果说郭沫若伟大的作品在于他伟大的人格、崇高的境界,那么现实主义、浪漫主义、革命现实主义、革命浪漫主义,则是他创作伟大作品的有力武器,是他制造那个时代所需要的文字惊雷的重要工具。早在1926年他就说:"我们现在所需要的文艺是站在第四阶级说话的文艺,这种文艺在形式上是写实主义的。"(《文艺家的觉悟》)同时还说:"现实主义与现实生活不是同义语,文艺是离不开想象和夸张的,主要是在现实主义的立场。"(《郭沫若诗作谈》)其着力点就是要"诗人和时代合拍,与大众同流"(同前)。关于浪漫主义,郭沫若谈得不多,他只是说:"就是想象力发挥得大,或说夸大。"(《郭沫若同志谈〈蔡文姬〉的创作》)他的诗作、史剧体现得十分充分。但是,关于现实主义和浪漫主义的结合问题,郭沫若则谈了不少思想,对其相关关系、历史源流、当下的任务,都有涉及。他在《就目前创作中的几个问题答〈人民文学〉编者问》中谈得最为充分:"现实主义的作品表现了真实,但艺术的真实比现实的真实性还要大,比现实的真实更为真实。要经过作者的剪裁、分析、综合、调配,依据发展规律,制造出真正的典型人物和典型环境,并不是有一个现成的典型环境和典型人物放在那里,由你去把他描写出来。""诗人的任务不在于叙述实在的事件,而在于叙述可能的——就是依照着真实性和必然性的法则而发生的事件。"他在这里提出了作家如何认识现实主义,如何把握现实主义,如何表现现实主义等问题。他还说:"现实主义包含有浪漫主义的精神,但反过来,积极的浪漫主义也包含了现实主义的本质。"在这里又谈到了它们的关系问题。他并且做出结论说:"所以浪漫主义和现实主义的结合,我看是亘古以来就有的。"随后,他还把现实主义、浪漫主义上升到革命层面,谈到了革命的浪漫主义和革命的现实主义,及其结合的问题。他说:"在今天来说,'革命的'是指有共产主义的风格,有马克思列宁主义的思想和工人阶级的立场。"他还补充道:"关键问题是,现实主义也好,浪漫主义也好,都必须是革命的。"郭沫若也曾经说过,革命是永恒的事情,是人类永远的使命。只要社会存在,社会只要进步,革命便永远是推动力。他还列举了一个典型的例子:"主席的诗词是这个方法的高度应用,也可以说是这个方法的自然流露。"主席指的是毛泽东。

郭沫若的诗歌最具有浪漫性的色彩,特别的夸张、着意的虚构、有形的炫焕,给予诗作无限的张力,传递给读者无限的激情。在那个精神压抑的时代,在那个需要寻求爆发力的时代,在那个需要唤起勇敢的斗士出来战斗的时代,郭沫若的诗发挥了充分的作用,特别是他的《女神》《星空》《瓶》《前茅》《恢复》等。

郭沫若的自传和随笔散文更具有现实主义特点,既是大革命时期、抗日战争时期、解放战争时期真实的历史再现,更是高于这个时代的精神反映。我们今天的人读起他的《学生时代》《革命春秋》《洪波曲》等,仍然为那个时代的抗争精神所感动,更会珍惜今天和平发展环境的来之不易,从而为中华民族的伟大复兴而努力奋斗。

郭沫若的历史剧,应该是现实主义和浪漫主义相结合的产物,并且是用浪漫主义的手法体现了现实主义精神,他曾经说过:"写历史剧并不是写历史,这种初步的原则,是用不着阐述的。剧作家的任务是在把握着历史的精神,而不必为历史的事实所束缚。剧作家有他创作上的自由,他可以推翻历史的成案,对于既成事实加以新的解释、新的阐发,而具体地把真实的古代精神翻译到现代。"(《我怎样写〈棠棣之花〉》)他还说:"有些以为写历史的题材便是逃避现实,这是一种浅薄的庸俗的现实主义观。"(《我对于国防文学的意见》)事实也是这样,郭沫若所有的史剧作品都具有时代意义,都直指当前问题,启发和引领着当下人民的思想和情感。他甚至还为曹操的历史贡献翻案,为武则天的人民性正名。

六

关于郭沫若创作思想的人民性,值得研究的还有他的选材。从创作角度讲,他的作品有诗、有小说、有散文、有自传;从研究角度讲,有历史研究、有考古研究,但是无论从创作角度讲,还是从研究角度讲,郭沫若所有的创作作品和研究成果都充满着人民性。那么,为什么这些作品和成果有如此鲜明的人民性特征呢?我认为最为重要的是他的选材。选材成了他的创作体现人民性的首要之前提,也是他人民性创作思想驱动下的选材思维。

选材对于一个作家、研究者非常重要,不同的选材有不同的结果。从大的角度讲,以人民性为创作中心的指向,所选的题材自然充分体现着人民性。相反,以非人民性为指导思想的选材,肯定无法服务于人民性的创作。郭沫若的选材标准就是"人民本位",而且是他唯一的标准。

郭沫若的文学作品,主要是诗歌、历史剧、小说、散文、自传等。这些作品的产生,是郭沫若直接融入于时代,直接融入于现实,直接融入于工人、农民、军队的结果。并且,从革命的角度、爱国的角度选取的题材,自然充分体现着人民的性质,自然受到广大人民群众的热烈欢迎。这是不用多言的,也不需要列举的。读了他的这些作品,自然会受到情绪的热烈向上的激荡。

郭沫若的历史剧,需要引用一些资料,以便充分证明他的人民性。他在《由〈虎符〉说到悲剧精神》中说:"我写《虎符》是在抗战时期,国民党反动政府第二次反共高潮——新四军事件之后,那时候蒋介石反动派已经很露骨地表现出'消极抗战,积极反共'的罪恶行为。我不否认,我写那个剧本是有些暗射的用意的。因为当时的现实与魏安釐王的'消极抗秦,积极反信陵君',是多少有点相似。"从郭沫若的自我解读就可以看出,他选材创作《虎符》的目的和意义。随后,他在此文中还说:"悲剧的戏剧价值,不是在单纯地使人悲,而是在具体地激发起人们把悲愤情绪化而为力量。"亦可见其选材之后悲剧手法的着意性。在选材创作《孔雀胆》时,他也加强了人物段功的塑造。他在《孔雀胆·后记》中说:"加强段功是表示他站在老百姓的立场,在第一幕里面插入了战败明二的原因,是由于得到老百姓的帮助,而明二之失败也是由于失掉民心的那几句。"亦可见郭沫若体现人民性之用意明显。他选材创作《蔡文姬》的目的不是直写蔡文姬,而是"写《蔡文姬》的动机,就是要为曹操翻案"(《郭沫若同志谈〈蔡文姬〉的创作》)。并且说:"像曹操,根据可靠的历史材料来看,这是个了不起的人,对我们的民族有相当大的贡献。但一千多年以来,一直被人看成乱臣贼子。"(同前)郭沫若是要把历史的冤案从错误中翻转过来,还历史人物以本来面目。这也是纠正历史上非人民性认识历史人物的一种表现。还有,对武则天人民性的认识也是一例。他在《我怎样写〈武则天〉》中就说:"武后是封建王朝的皇后,而且还做过皇帝,要说她完全站在人民的立场,当然是不合理的。但她是出身寒微的一位女性,这就足以使她能够比较体念民间的疾苦,同情人民。她同情人民,故人民也同情她。有唐一代对于她的评价尽管有人也有些微辞,但基本上是肯定她的业绩的。"这也是郭沫若运用历史唯物主义观点看待历史人物的一个证据。

关于历史研究,郭沫若也充分地体现了人民性,在《中国古代社会研究》《奴隶制时代》中,他运用了科学的历史观。其他的如《青铜时代》《十批判书》都具有为人民贡献的情怀,亦体现了人民性的精神。哪怕上述的这些历史研究学术性、专业性过强,不便于一般的人民大众阅读,那也是学术性、专业性的问题。

这里重点谈谈他研究历史人物的人民性。他在《历史人物·序》中就非常明确地说,研究历史人物的好恶标准:"一句话归宗,人民本位!"《历史人物》这个集子里专门收集了他对屈原、曹植、万宝常、王安石、李自成、李岩等人物的研究成果。这些成果直接体现着人民性。别的人物研究情况我不说,专门说说他对李自成的研究成果吧。这一研究成果的文章叫《甲申三百年祭》,其文不到两万字,当时却引起了强烈的反响。中共中央专门印发通知将其作为整风的学习资料,毛泽东致信郭沫若,指出了其文中的重要思想:"小胜即骄傲,大胜更骄傲,一次又一次吃亏,如何避免此种毛病,实在值得注意。"国民党反动政府在刚连载完此文的第二天便猛烈抨击。同是一篇历史人物的研究文章,为何有截然不同的反响?其中最根本的问题是"人民性"。文中揭露了明朝末年政治腐败、民不聊生,而引起农民起义。同时,又分析了李自成进京骄傲自满,贪图享乐,四十天而败亡的历史惨训。这给中共以重大启示,同时也给国民党反动政府以重大警示。然而中共将它作为教范,并且一直延续到今,而国民党反动政府不仅不予警示,反而组织专人撰文抨击,终归政亡。这样的人民性人物的探讨,岂不具有执政的借鉴意义吗？今天读其文,仍叹其科学性、人民性。尤其是为广大人民群众的安危和幸福生活,而探讨总结出如此具有历史规律的问题,更具有高度的人民性。

七

关于郭沫若创作思想人民性的问题还很多,包括他的美学、语言,等等。这是一个整体性、系统性的问题。上述讨论的只是其中的一部分问题而已。余下的问题有待以后,或者更多的人去探讨。

我今天讨论这样的一个问题,不是就问题而言说问题,也不完全是出于敬佩郭沫若先生的人民性思想创作理念。根本点还是想引起当下人们的重视：人民性的创作思想不是一句空话,不是政治口号,更不是纯粹性政治文学,而是具有实实在在的可创作性。郭沫若就是典型的代表,郭沫若的作品就是充分的例证。而今当下,我们在大力号召要树立以人民为中心的创作理念,个别同志便有微词,口头上不予反对,实际上心里是不安逸的,或者创作上是被动的。我们应该有一种以人民为中心的创作境界和高度,应该具有书写时代精神的情怀,应该奉献出充满激情的时代作品。人民永远是创作的主题,时代永远是创作的坐标。这个主题、这个坐标,永远不会过时,古今中外最伟大的作品,不都是在充分地表达这个主题吗,充分地定位这个坐标吗？所以,我们应该以郭沫若为榜样,像郭沫若那样,充满激情地、充满智慧地、充满战斗精神地为人民创作、为时代创作。同时,为我们的民族、为我们的人民、为当今这个时代贡献力量,以不负自己的才智,不负自己的追求,不负自己的奋斗精神。

附记：我为什么要写《郭沫若创作思想：人民性》

我对郭沫若先生的认识,是有一个较长时间的过程的。十七八岁时,我大哥刘德木就买有《郭沫若全集》的几本书。那时也只出版了其"文学编",并且出版的速度很慢,一年也难以见到一本,每出版一本,大哥就买一本。这些书当时给我留下了深刻的印象,但我并没有读。大哥有《郭沫若诗选》,我是翻过的,但没有读懂。这个时期,反而是留下了大哥如当时社会上一些人一样的对郭沫若的观点：修辞。他还特别列举了郭沫若"文革"期间的作品,说其没有骨气。

三十岁初,我在部队工作,亦好读书,便在西安旧书店买了《郭沫若全集》(历史编),简单地翻了一下,由于大部分是研究性东西,且引文较多,便没有深入读下去的兴趣。应该是三十岁中期吧,我在一个卖旧书的人家里,买到了五本《沫若文集》,书卷号虽然并不连续,但还是很有阅读的价值,便连续性地阅读完了他的历史剧部分。这些历史剧给我留下了深刻的印象：具有强烈的时代性、战斗性,读了就想拿起武器上战场。直到现在我还经常把这个印象讲给我的朋友听。近年,快六十岁了,无意中我又拿起了郭沫若先生的书来读,也可能是人生经历的原因,或者说前前后后有了一些对郭沫若认识的积累，这一读便有自己的独立认知了，少有被世人左右的成分。尤其是常常在朋友面前谈论起郭沫若和他的作品时，我刚一出口，对方就说郭沫若这人不好，等他话还没有说完，我便理直气壮地打断对方，列举出郭沫若的很多革命和文化活动，以及其作品，对方便哑口无言了。这样的情况不止一次，对此便心里不快。越是这样心里不快，写作此文的想法便越是强烈。再加上郭沫若先生离开我们以后，社会上的微词多于肯定。老同志，或者说稍微了解一点郭沫若的人，一方面微词多，另一方面积极的宣传少，甚至有淡忘的情形。就年轻人而言，更是少有认识郭沫若的。他们少有读过他的传记，少有人读过他的作品，最多也只是从文史资料中淘来一个名字留在记忆而已。其实，郭沫若是一个革命家、文学家、诗人、史学家、考古学家、书法家，他是不应该被淡忘的。我今天写作此文，亦有让社会重新认识郭沫若先生的想法，虽然只是写了他伟大人生中的一个小点，但亦见其伟大。

近年来首先让我重新认识郭沫若先生的，是马识途的文章。十多年前，因拟请马老题词，并已充分联系好，便买了《马识途文集》来读，以便见面时好交流。可我这人阅读时就是不好深入，随随便便翻了之后就束之高阁。周末，我是常在书房傻坐的。有一次，我顺手拿了《马识途文集》（文论·游记卷）（我是喜欢看一个作家的文论的，因为其中有他不少的创作思想）。书中便有三篇关于郭沫若的文章，三篇我都读了，其中《在纪念郭沫若诞辰九十周年大会上的讲话》《评价历史人物必须"知人论世"——在"郭沫若与新中国"学术讨论会上的发言》给我的印象特别深刻，文章在充分肯定和评价郭沫若功绩的同时，分析和驳斥了一些人对郭沫若的不正确看法。而这些看法也正是我心中存有对郭沫若微词的疑惑。读了马老的文章，我心里豁然开朗，对郭沫若有了新的肯定性的认识了，便又看起了郭沫若的其他书来。

三年前，因花三十年的时间淘齐了《郭沫若全集》（文学编），便认真地读起了他的诗、传记及其他文章，让人感动。近来再读他的自传、《郭沫若全集》（历史编），更加深了对郭沫若的认识，甚至达到了敬仰的程度。特别是他在《历史人物·序》中的一句话，突然一下就打动了我，正像他在《女神·序诗》中所说的那样，寻找到了振动数相同的人，寻找到了燃烧点相等的人。我便下定决心，要写作此文来表达我粗浅的认知。这句话是什么呢？他说："我的好恶标准是什么呢？一句话归宗，人民本位。"随后又接着说："我就在这人民本位的标准下边从事研究，也从事创作。但在事实上有好些研究是作为创作的准备而出发的。"从这几句话里我一下就看到了郭沫若的创作态度、创作境界、创作思想：人民本位。而且，这一句话"归宗"，多么有震撼力啊！"人民本位"，多么有民族气节啊！尤其是我在想，这"人民本位"的创作思想真的是过时了吗？真的就是一句空话吗？真的就是政治文学吗？否。"人民本位"永远是作家创作的核心，"人民本位"永远随时代而体现价值，"人民本位"的政治高度就是人类文学的终极追求。特别是当下，我们提倡要坚持以人民为中心的创作理念，有些人却嗤之以鼻，口上不说，心里却不舒服。我想用郭沫若这个活生生的事例来纠正一下社会上的不正确认识，这也是写作此文的又一个出发点。

我对于郭沫若的书读得并不多,手头的《郭沫若全集》文学编、历史编也没有读完,读了的也不一定理解得完全正确。《郭沫若传》我是有的,也没有读。研究郭沫若的一些成果的书刊,我也只有《郭沫若研究论集》(第二集)和《郭沫若研究专刊》(四川大学学报丛刊)一至六辑。所以,我的阅读是有限的、零散的、非系统的,我这篇文章更只是一点读书心得而已。加上我没有专业性地做过这方面的学术研究,没有学过系统的文学理论,一些不正确的地方,希望能被指出,我会虚心接受。

关于写作此文的风格,包括语言,我也受了郭沫若的一些影响,在学术讨论中加了一些个人情感,更没有严格地按照学术规范的结构、用语来。其实,我是坚决反对那样的学术八股的,如反对公文八股一样,这样的学术结构是死的,语言是寡淡的,数万字的学术文章,只需读个标题便罢了。我喜欢民国时期那些文人的学术表达,有文采,有情感。我也喜欢郭沫若先生的学术文章,数千言也好,数百言也好,里面有情感,平缓时娓娓道来,豪放时高亢激昂。读其文,想其人,映其时代,一下就有情景的代入感,我似乎也是那个时代的一分子,我也会生出一种拿起武器战斗的豪情。我在写作此文时,也是有些激动的,笔不停地飞舞,字迹也十分潦草,血往上涌,写完一段便在房间打转转,其余力还在促使我运动。

我在房间里关了两天半,连反锁的门扣都没有碰一下,便餐—写作,写作—便餐,循环往复,一直从早上八点持续到晚上十一点。我完全地活在了郭沫若的世界里、作品里和他书写的那个时代里。

写完这篇文章,还想写这一篇附记,我想把未尽的言语放到这里来说,否则不说不快呀!

这里再补充一下,此文探讨的更多的是郭沫若在新中国成立以前的一些创作思想与作品,这是他的主体,也是他对中国文学的最大贡献。若要探讨其整个文学创作的思想,当是另一回事,或者是今后的任务,或者需要更专业的人来努力。

赵无极绘画：拍卖热议背后的绘画本体价值再谈

江晓

（重庆大学艺术学院）

2021年10月12日，在中国嘉德香港2021秋季拍卖会中，赵无极先生于1976年创作的《23.09.76》以685万港元被拍下，同期于10月9日的秋季拍卖会中，其作品《22.01.68》成交额也高达2800.5万港元。在当下拍卖市场中，赵无极画作的天价拍卖纪录早已不足为奇。2020年中国市场亿元艺术品拍卖成交数据显示，自2020年6月后中国拍卖市场逐渐恢复正常以来，市场拍卖价过亿的28件艺术品中，赵无极的作品就占据了四席之地，分别是其在1979年创作的《04.01.79》（成交额为1.748亿元）、1960年创作的《20.03.60》（成交额为1.148亿港元）、1966年创作的《18.11.66》（成交额为1.144亿港元）、1959年创作的《19.11.59》（成交额为1.108亿港元）。当然，赵无极作品的拍卖成交额远不如此，根据雅昌艺术市场监测中心（AMMA）以及雅昌拍卖网搜索数据显示，2000—2021年，赵无极拍品纪录词条共2638条，其中亿元拍品高达20余件，总成交额为920,924万元。其作品《1985年6月至10月》，更是在2018年香港苏富比现代艺术晚间拍卖中以5.1亿港元成交，这是亚洲油画世界拍卖最高纪录。近年来，在网上搜索"赵无极"，也更多地与亿元市场、拍卖风云、博览数据等词条挂钩，赵无极在拍卖界的热度可见一斑。

这样一组组惊人的数据在反映中国拍卖界收藏偏好的同时，也显露出其背后被资本裹挟下价格至上的艺术市场现状。在当下全球化语境之下，尤其自2020年疫情肆虐以来，随着大数据、自媒体、线上展览等互联网形式的介入，信息传播迅速化的同时也遮蔽了对绘画本质的价值判断。而普通的观看者对艺术品的价值判断大都来自网络，自媒体成为将这种受资本市场干预后的、带有主观色彩的、缺乏学术严谨性的艺术价值判断理念运输给大众的"司机"，观者成为盲目上车的"乘客"，用价格来判断作品的价值，只看见其表象，忽视了艺术的本质。

赵无极的作品深受市场热捧，参拍数量和成交额都位居市场前列且较为稳定。但对其作品价值的评判不单由市场决定，这主要依赖于其作品背后的艺术性、独创性等，他的作品融汇中西，既有国际化的视野又有东方精神的内核，经得起学术的、历史的、时间的验证。回观中国的油画史，其在经历了"五四"新文化运动后现代绘画的断裂期和当代审美多元的洗礼期之后，出现了转型危机，对绘画本身而言，需要找到一个合适的中间地带，而赵无极做出了这个尝试，填补了这个空缺。作为林风眠的学生,马蒂斯、贾科梅蒂、胡安·米罗的好友,毕加索的邻居,赵无极所处的时代环境使其对西方现当代艺术有深入的了解,其作品在构图、色彩、光影和形式上,都最大限度地吸收了西方现代主义艺术的精华,极具独特性、时代性、纯粹性、平面性。他"拿"来了以马蒂斯为代表的野兽派的色彩、以塞尚与毕加索为代表的立体主义画派的构图、以康定斯基为代表的抒情抽象主义画派的表现形式、以透纳为代表的法国印象主义画派的浪漫色彩、以蒙德里安为代表的几何抽象主义画派的构图理念……从理解马蒂斯、毕加索、塞尚开始,再回归中国宋元山水,融入中国传统山水画的构图观和书法运笔运墨的方式,寻求色彩、构图、光影与意境上的突破与融合。其作品艺术价值指向中西,既有西方现代主义绘画的色彩与形式,又兼具中国传统文人绘画的意蕴和书写意味。不仅是在中国,在欧美、日本,尤其是在法国艺术史上也留下了厚重的一页,2006年他还被时任法国总统希拉克授予法国二级荣誉勋位。1985年到中国讲学后,赵无极更像是一张中国名片,承载着一种艺术观念和风格,其作品代表了艺术界对绘画本体价值的正向需求,是能反映中国人精神内核的,超出资本单一价值判断标准之外的真正艺术品。

赵无极的绘画拍卖热度高、市场好,彰显出了不可限量的后市行情,也影响着参拍者对艺术品价值的判断。本文对赵无极绘画成就的总结、对其艺术作品创造性价值的讨论,从另向视角探讨了天价艺术品背后所隐含的艺术本体意义的价值,为资本市场以及普通的观众提供了一个价值判断的标准,为当下的油画收藏界给予了一定的理论支撑,也希望可以为参拍者以及整个拍卖行业提供一些建议和参考。

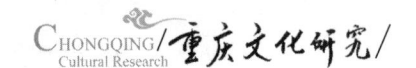

《仙豆》与中国当代魔术的语言探索、文化承扬

于昊旻　胡泽容　安燕玲
(西南大学)

讲好中国故事、弘扬中国精神是中国文艺工作者在新时代的使命和任务。党的十八大以来,以习近平同志为核心的党中央不断强调文艺工作的重要性。魔术作为中国艺术的重要组成部分,积淀着中华民族的生存智慧,展现着人类对艺术的崇高追求。为推动中国当代魔术发展,魔术界积极开展魔术活动,举办魔术相关比赛,遴选优秀作品,引领魔术艺术向前迈进。第十一届中国杂技金菊奖全国魔术·滑稽比赛于2021年5月1日至5日在深圳欢乐谷举行,由重庆杂技艺术团精心打造的近景魔术《仙豆》一举摘得该届中国杂技金菊奖金奖。该节目完美展示了以中国手彩戏法为根基的魔术所塑造的神秘、惊奇和魔幻,在营造的剧场中给予观众奇观体验,使观众感受到中国优秀传统文化的魅力。

一、《仙豆》对传统魔术的突破和创新

近景魔术《仙豆》脱胎于我国传统戏法"仙人摘豆",经历代艺术家的表演与创新,仍是现当代魔术表演的主流形式之一。它将现代科技和魔幻技巧相结合,整体彰显出对传统戏法语言的解构和对当代魔术文化语言的重构,表演亦真亦假、虚虚实实,极具艺术感染力,令人目不暇接、赏心悦目。魔术师以几个小碗和红豆为道具,在再现传统的基础上,不断调适、重组,突破因循守旧的思想藩篱,最终以适宜现代人审美趣味的新式魔术语言呈现了植物生长、开花及孕育生命的过程,表现人与豆子之间的故事,变幻莫测,极具观赏性。

《仙豆》将"剧情"融入现代魔术表演中,围绕"生命"主旨,以"生命的力量"为主题。剧情式的魔术节目以故事和人物设置为切入点,更容易吸引观众的注意力,引导观者对魔术语言的重新理解及思考。魔术师与豆在嬉戏过程中逐渐建立感情,从陌生到逐渐熟络,而此时豆子却消失不见;魔术师抱着一丝希望尝试找回豆子,却从手中流出沙子并幻化成无数颗种子,在手中生长、开花、结果,以一种新的生命形式出现并升华。在创作者营造的特定空间场域中,故事"剧情"给人以审美的体验,而在场域审美空间里,《仙豆》完成了从传统的技法表现到现代的魔术"剧场"主题的审美转变。

《仙豆》在传统戏法的基础上大胆融入现代技术,通过音乐、服装、灯光、舞台的有效烘托,整体效果得到完美呈现,给观众以听觉与视觉的感官冲击。音乐的基调与表演的节奏配合相得益彰,表演以轻柔的音乐开始,音乐的第一个小高潮便是魔术师变出了陶瓷碗,而红色小球由露珠凝聚而成,集天地之灵气幻化出三粒"仙豆",紧接着深沉的音乐过渡到激昂之中,陶瓷小碗与"仙豆"一开一合之间又幻化出一个玻璃小碗,随后三粒"仙豆"消失不见,忽地又变成了一粒大红"仙豆",随后变成五粒小红"仙豆"。"仙豆"在两只碗之间来回转移,随着急促的音乐和魔术师快速的双手起落间,"仙豆"和小碗无影无踪。此时,音乐戛然而止,魔术师目瞪口呆,双手举起,手心朝外,此处通过肢体语言、面部表情将表演推向高潮。随着哀伤的音乐响起,魔术师四处寻找"仙豆"都无迹可寻,突然"仙豆"从衣服上蹿出来,魔术师将其拿在手中,一粒大仙豆瞬间变成无数粒小仙豆从手中洒落在桌布上;魔术师捡起几粒"仙豆"攥入手中,仙豆仿佛找到了土壤,在他手中生长、开花、结果,整个生长过程一气呵成,干净利落;须臾抬手之间,一只蝴蝶出现在魔术师手中,轻轻一吹它便翩翩向远处飞去。

　　在近景魔术《仙豆》作品中,背景音乐采用"弱—强—停—弱—强—停"的节奏,循序渐进地推动故事发展,带领观众进入戏剧情节中。音乐旋律随故事发展逐渐加快,寂静时刻给观众留有想象空间,调动观众的情绪随节目表演同步高涨。恰当的音乐烘托了《仙豆》的表演氛围,推动故事情节发展,增强代入感。魔术师利用视觉、心理等因素增强魔术表演的神秘性。在魔术师的表演中,观众仿佛能感受到豆子的生命,魔术师并没有单纯地视豆子为一种表演工具,而是魔术师的"舞台搭档"。

　　魔术师以当代魔术的形式将传统戏法重构,使观众对这一熟悉的题材有了新的观感体验。整个作品道具十分简单——桌子上一块黑色的衬布、一个陶瓷小碗、一个透明小碗、几个红色小球。鉴于近景魔术表演空间无须占据舞台大面积场地,因而创作者对音乐、灯光、服装及舞台的整体设计有所讲究,在漆黑的背景中采用聚光将观众的视线聚焦于表演舞台中心,表演者身着白色丝绸质感的宽衣宽裤,与黑色的表演台形成强烈反差,增加节目的视觉冲突美感。现代技术的应用是当代魔术的重要特征。在《仙豆》作品表演中,音乐、灯光、服装、道具、舞台布景等极大地丰富了表演的内容及形式,渲染了主题,增加了表演的生动性,并提升了作品的整体美感。该作品也促成了魔术领域多元化、多艺术门类的交融共生、协作发展,促进了魔术从重"技"向"技与艺"结合的转型发展,也使"演与看"的关系悄然发生改变。

　　近景魔术因观演距离近的特点给观众强烈的视觉冲击,魔术师利用眼神交流、语言沟通等方式与观众互动。与以往的精妙说口不同,往昔表演者的妙语连珠一定程度上让位于表演本身,使观众专注于魔术师塑造的视觉看点,而在《仙豆》中,魔术师在表演过程中并未言语,魔术师用滑稽的肢体动作、夸张的面部神情,借助恰当的音乐、聚焦灯光等设计打造轻松愉悦的环境,使观众感受到魔术本身带来的乐趣。

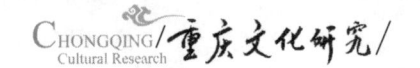

二、从"金菊奖"到《仙豆》魔术的文化意蕴

中国杂技金菊奖是杂技艺术展示的最佳舞台,激发优秀魔术艺术创作,促进中国魔术艺术创新发展。在评奖过程中以习近平新时代中国特色社会主义思想为指导,深入贯彻党的十九大精神及习近平总书记系列重要讲话精神,坚持"双百"方针及"二为"方向;其评奖规则的制定与评选人选的选取更为科学严谨;减少奖项种类与数量以求获奖作品更为优质。从历届金菊奖的举办可窥探到中国杂技艺术的发展趋势。章程制度更为严谨的第十一届中国杂技金菊奖全国魔术·滑稽比赛总决赛在激烈的竞争中落下帷幕,重庆杂技艺术团精心打造的《仙豆》作品集思想性、审美性于一体,巧妙融合传统戏法题材与当代魔术语言,作品在传承古老戏法的基础上焕发出新的生机和活力,从众多参赛节目中脱颖而出,荣膺桂冠。

魔术并非单纯追求感官刺激,它根植于广大人民的劳动生活之中,蕴含着博大精深的中国传统文化,在一定程度上往往反映着一个国家和民族的文化观念、历史记忆和时代品格,是中国文化不可或缺的重要组成部分。中国传统文化常用具体事物寄托情思,简单事物往往具有象征寓意,象征事物往往留存了民众多样的感觉经验和文化观念,具有丰富的文化内涵和共识性,人民则通过历史文化经验感知其传达的深层含义,这些代指的隐含意义与中华民族的传统文化思想息息相关。魔术作品《仙豆》为典型个案,魔术师借助所用媒介的象征含义和故事的主题思想将表演升华,使表演蕴含丰富文化内涵,不仅给予观者感官享受,还唤起其理性思考。

在近景魔术《仙豆》中,作品整体融入了更深层的文化观念,彰显鲜明的民族文化色彩。在我国民间传统的习俗中,瓜、石榴、豆、葫芦等多籽植物被赋予"多子"的象征,用作生命的载体。《仙豆》中使用的豆寄托着中国民众对农业生产的期盼,豆作为魔术道具也表达了人们对"年谷顺成""五谷丰登"的富足愿望,蕴含了中国人追求吉庆祥瑞的心理愿望和生存智慧。魔术师将豆拟人化,豆在手中、碗中、衣服间不断变化、运动、转换,表现出生命欣欣向荣的活力,最后它归为尘土,经过土壤的滋养后慢慢开出花朵、结出果实。这正是《仙豆》别具一格的艺术魅力之所在。作品不以浮夸的舞台表演为噱头,亦不以特殊魔术技法的呈现为目的,而是从重技巧表现转向引发观众更深层次的思考,以技法为表现、故事为引导,探索出既立足于我国传统戏法又符合新时代观众审美需求的推陈出新的魔术节目。

在国家"文化强国"战略部署下,新时代要求加强对民族文化的挖掘和保护,对国家非物质文化遗产的保护和传承,使文化保护成为全民族的文化自觉。作为国家非物质文化遗产的重要内容,魔术通过特有的技术和艺术,展示中华民族的睿智、风趣和魅力,体现出浓厚的传统文化意蕴,在弘扬民族文化、传播民族精神和塑造国家形象方面发挥着不可替代的作用。对魔术艺术的弘扬和传播,有利于提高国家文化软实力,丰富社会文化生活,提升人民的整体精神风貌。

三、数字化时代下中国魔术的未来发展趋势

党的十九大报告指出："坚持百花齐放、百家争鸣，坚持创造性转化、创新性发展，不断铸就中华文化新辉煌。"中国杂技家协会主席边发吉曾说："杂技的生命在于创新，没有创新就没有发展。"由此可见艺术创新之重要性。在媒介多元化发展的当今时代，魔术这一特殊艺术形式，受众有限，它如何在网络化时代得到推广普及，保持自己的"吸引力"，又该如何从魔术本体出发谋求创新、发展自我，乃是中国杂技魔术界亟待解决的现实问题。

魔术艺术要发展，就要对传统魔术进行挖掘和革新。例如，魔术的各种表演技巧，甚至从服装、音乐、灯光到舞台设置等都需要推陈出新；还要注重民族风格，结合地方特色，不断提高节目质量，把创新与精品放在第一位，真正做到在传统中继承、在继承中创新。魔术首先注重的是表演者自身的技术，如在《仙豆》中表演完全依靠魔术师手法的灵活和敏捷，豆子本身并没有什么特殊的，这就要求魔术师要经过长久的苦练，达到"技"的娴熟后再追求"艺"的高度，最终实现二者的完美呈现。然则，魔术艺术的发展与创新，要求从业人员不仅要专注于魔术艺术的本质特点，专攻技与艺的挑战和突破，还要具备精品意识、崇高品德，承担陶冶情操、温润心灵的职责，满足人民多样化需求，打破陈旧观念的束缚，创作出思想精深、艺术精湛的魔术佳作。

网络视频生态环境的构建，为魔术提供了新的传播途径和方法。因此，魔术艺术可借助大众媒介扩大其受众面，提高其传播度。信息化碎片时代，网民需要的是简要利落、戏剧性强、吸引眼球的信息，因而魔术表演者需不断提高自己的魔术语言表现力、感染力，创造出富有文化内涵、形式短小精悍、视觉效果强烈的魔术。较之大场面的魔术表演，近景魔术、心灵魔术等表演成本低，观众接受度更高。将诸如此类表演引入主题乐园等场所，与知名品牌联名打造魔术文化产品，发展魔术文化产业，也是其发展方向之一。魔术与音乐、戏剧等门类间的关系日益密切，形成跨领域交流，极大丰富了魔术的表现语言。此外，部分魔术表演者将电影情节引入魔术之中，以此打造极具叙事性的新魔术，也显示出了当代魔术的新颖之处。

中国魔术艺术发展以中国传统文化为基础，在对魔术艺术进行创新时必须以传统文化为根基，挖掘深层的文化意蕴，拓展新的发展空间，将继承性与时代性相结合，古为今用，推陈出新，才能不断创新发展。中国魔术还应充分发挥"走出去，引进来"策略，加强与国外的交流学习，将中国当代魔术艺术推向国际，融入国际魔术新潮流。在多元化思潮不断冲击的当下，还应深刻认识人民与文艺的辩证关系，习近平总书记在文艺工作座谈会上强调文艺工作者应"坚持以人民为中心的创作导向"，关注民众的审美需求，结合现代科技完善中国魔术的形式与内容，探索打造出立足于民族又顺应时代发展的中国特色魔术精品。不仅如此，还要注重魔术理论研究的开展与深化，健全魔术评价标准，加强魔术理论研究队伍建设，培养新时代魔术理论研究新生力量。在未来的发展进程中，中国魔术应立足于中国传统文化，以新技术完善中国当代魔术的表演语言，以新文化丰富其内容，创造出符合现代大众审美趣味、观众喜闻乐见的精品力作，为推进中国魔术艺术持续发展而不懈努力。

民族精神与美术革新
——抗战时期重庆中国画研究[①]

李桦

(浙江师范大学美术学院)

【摘要】抗战时期因时局变化,全国各地的艺术家汇聚重庆,西方文化的冲击以及现实主义思潮的影响促使中国美术走向现代之路。艺术家斟酌古今以通变,接受西方文化熏陶,筑牢自我文化根基,这是历史推动下的必然。国画家们不再故步自封,而是不断变革、丰富自己的艺术语言,直面现实,将现实生活转化为画面内容,鼓舞士气,由此展现那个年代人民的整体生活面貌和精神状态。研究此时期的重庆中国画的艺术特征,对于后来的中国画发展是不可或缺的一环。

【关键词】抗战;重庆;中国画;现实主义;艺术特征

一、抗战时期重庆中国画溯源概述

重庆作为一个非常古老的城市,远溯殷周。清代王尔鉴在《佛图关》中曾说:"凭眺古渝州,浮图最上头。四围青嶂合,三面大江流。"[②]从此处可看出重庆鲜明的地理位置。重庆多山地,因此有"山城"之称,树木繁茂,山地营造出多种复杂的地形,域内崎岖不平。除此之外,重庆属于亚热带季风性湿润气候,冬暖夏热,长江与嘉陵江的两江水流蒸发使得大气相对湿度大,雾气易聚,又有"雾都"的称号。由于气候原因,重庆经常降雨,雨量充沛,尤其是春夏之交的夜雨极为明显,因而有"巴山夜雨"一说。长江与嘉陵江"双江"拱卫,建筑依山傍水,易守难攻,人民生活安逸,艺术家可有充足的创作空间。重庆独特的地理地貌和气候特征,可给予大众在云雾中观看别有一番特殊味道的山川美景的机会,又可形成天然的保护屏障,抵御战火的侵袭,因而诸多身处重庆之地的国画家感知到许多创作的灵感。

在此背景下,作为全国抗战文化重镇的重庆迎来了众多领导人和爱国人士的迁入,时任中共中央南方局书记的周恩来不仅在宏观上运筹帷幄,为巩固发展抗日民族统一战线和推动抗战民主、争

[①] 本文为重庆市社会科学规划项目"抗战时期重庆美术作品和民族形象研究"(项目编号:2020YBYS193)的阶段性研究成果。
[②] 转引自:民革中央孙中山研究学会重庆分会.重庆抗战文化史[M].北京:团结出版社,2005:27-28.

取抗战胜利发挥了重要作用,同时也在直接或间接领导抗战文艺社团和艺术家开展各种美术活动,并与其建立深厚的友谊和密切联系。特别是周恩来同志在重庆对美术家的亲切会见和教诲,团结广大进步人士,更是充分体现了中国共产党对抗战美术事业的关怀和领导。[1]1937年7月7日全面抗战爆发后,各大中学、中央大学艺术系、国立杭州艺专、私立武昌艺专、江苏正则艺专等众多美术界名校也都纷纷迁赴重庆,美术界大量的专家、精英汇集于此,重庆亦成为当时中国美术发展的核心之所。

地理位置的得天独厚,给予在重庆的艺术家以艺术创作的诸多思考。他们以山川的构造加以特殊的时代背景,建构了属于战争时期的重庆社会意识形态与文化运动思潮。在尊重历史进程的过程中,艺术与文化运动都是真实的见证者,它们在动荡的时代背景下,共同推动艺术这一脉系的发展。新文化运动作为发端于1915年陈独秀、李大钊等人发起的一场"反孔教""反传统"的思想革新运动,不仅启发了人民的民主觉悟,还沉重打击了中国的封建专制制度。由此,传统绘画遵循的旧观念被打破,不再为"一家之言"马首是瞻,艺术家在古今中外的对话交流中对中国传统美术进行价值重构,重新估定一切价值,科学主义思潮顺势进入美术领域,促使中国传统美术在主题和内容上向现代转型。正如陈独秀在1919年的《〈新青年〉罪案之答辩书》中讲到的那样:"要拥护德先生又要拥护赛先生,便不得不反对国粹和旧文学。"[2]"五四"新文化运动时期,科学与民主是新思想启蒙的两面旗帜,其倡导者们在高擎"文学革命"旗帜的同时举起了"美术革命"的大旗,并以此为契机引发了中国近代史上一场轰轰烈烈的新美术革新运动。新时代的美术家们在"科学"精神的指引下,突破旧观念和旧形式的约束,改革创新,加上客观现实和革命意识的驱使,开始倡导师法自然,主张面对当下现实,外出对景写生,使通俗化、大众化的写实主义美术成为新时代宣扬的主旋律。我国台湾著名历史学家王尔敏也指出:"近代中国一切新观念的创发,大体以时代的觉醒为基础,由于能认清世变的严重,而后才会设想适应世变的方法。"[3]作为具有启蒙思想作用的"五四"新文化运动唤醒了沉寂中重庆传统中国画的发展。

自"九一八"以来,重庆的一些革命青年艺术家面对日本侵略者对我国的轰炸和肆意烧杀抢掠,内心百感交集,心潮澎湃,始终心系抗战前线,关注民生疾苦,美术创作由单纯的取材历史嬗变为关注现实和国家命运。与此同时,艺术家们纷纷用自己的方式奋力复兴中国美术的事业,走出了不同的道路,其中一部分吸收西方艺术的精华,中西融合;一部分深入研究中国传统绘画艺术,另辟蹊径;还有一部分竭力发展木刻版画和漫画的创作,谋求强盛。印刷条件的限制以及木刻辨识度高、制作快捷便宜的特征促成了黑白木刻和漫画的兴起。重庆的抗战美术活动便是从木刻版画开始的,并以此为切入点展开抗战救国的行动。作为中国新兴版画年青开拓者之一的张望曾说:"木刻是中国固有的艺术,而中国也正是木刻的祖国。"[4]其1933年的木刻版画作品《负伤的头》(图1),描绘的是一位

---

[1] 凌承纬,张怀玲,郭洋.中共中央南方局与大后方抗战美术运动[J].美术,2001(8):82-87.
[2] 陈独秀.独秀文存[M].合肥:安徽人民出版社,1987:243.
[3] 王尔敏.中国近代思想史论[M].北京:社会科学文献出版社,2003:11.
[4] 张望.中国木刻十年[N].新华日报,1939-04-07.

被打伤头部的工人,眼神坚定,黑白对比给人强烈的感染力,充分表达了一个满腔报国情的青年对劳苦大众深受疾苦的关注。1937年初,丰中铁、刘鸣寂、严叶语、谢又仙、胡馓章等人组建重庆木刻研究会,开展木刻抗日救亡宣传活动。[①]木刻版画和漫画等美术宣传活动,在其奠基人鲁迅先生的倡导和引领下,融入西方表现派的木刻手法,勾勒出劳苦大众的生活,激发了人民的斗志,发展迅猛。由于抗战初期直截了当地表现抗战现实的中国画作品寥寥无几,民众的知识水平和鉴赏能力有限,难以读懂带有隐喻含义的中国画作品,再加上中国画印刷成本高和条件有限,其在抗战初期的发展不如木刻版画和漫画的发展迅猛,纵然中国画作品内容比二者内容更加深刻,色彩愈加丰富,视觉冲击力更强。即便如此,木刻版画和漫画的繁荣也促进了中国画的发展,其宣传抗战、再现现实及显著表现力的精髓为中国画艺术家所继承和发扬,并为中国画日后的发扬光大开辟了一条道路。值得一提的是,对于联系抗战现实和具有实现民族文化复兴宏愿的国画家来说,中国画作为新文化运动"科学革命"美术改良的主要对象,不失为他们实现美术革命抱负的主要途径。

图1 《负伤的头》(1933年) 木刻版画 张望

二、现实主义思潮兴起推动中国画革新

从清代中叶开始,中国就有不少画家东渡日本,那时主要是以传播中国的国粹为主。到了晚清,日本推行明治维新,美术呈现繁荣场景,吸引了大批赴日本学习现代美术的中国画家。紧接着"五四"新文化运动和西画传入,带给传统中国画强烈的冲击,众人产生危机感,这时期外国的种种侵略和压迫,也让艺术家的民族意识减退,方方面面受支配。慢慢地,艺术精英认识到传统绘画等传统艺术守旧不变和停滞不前是国势衰微的根源,开始批判传统文化的价值。受到新文化运动影响的大批

---
① 苏光文.抗战时期重庆的文化[M].重庆:重庆出版社,1995:220.

爱国青年画家表现出对西洋画的极大兴趣和热情，陈衡恪、曾延年、高剑父、高奇峰、陈树人和何香凝等人，就是辛亥革命前夕到日本学习近代美术的先驱。辛亥革命后，科学、民主思想广泛传播，科学之后艺术家要面对现实，美术的创作方向逐步转到现实主义上来。在生死存亡的时刻，现实使得个人的情绪表现不再像以前一样重要，个人享乐的艺术也被时代淘汰，艺术家借作品再现民众疾苦，还原抗战细枝末节成为美术界的主流。这一时期的青年将艺术救国当作自己的雄心壮志。东渡日本的有陈抱一、梁锡鸿、关良、许敦谷、李廷英等，远涉重洋奔赴欧美的有彭沛民、林风眠、吴大羽、方君璧、闻一多、吴法鼎等。他们渴望挣脱根深蒂固的旧观念的羁绊，寻找一条拯救民族绘画于危亡之际的途径，[①]意识到必须集中目标，发挥个人创造作用，学习近代世界的新思想，结合当时社会特有的特征才能挽救民族绘画。他们迫不及待地接受西方美术思想的营养和熏陶，同时向国内引介西洋绘画理论和技法，推动了西方绘画在中国的传播和影响，对中国近现代美术的发展有着决定性意义。[②]

留学归国者是"美术革命"运动中的中坚力量，他们竭力倡导中国画改革，强调中国画改革必须吸取西洋画法，一些人主张以西画的方法与材料改革中国画；另一种观点则认为改革的重点不在方法与材料，而重在艺术家个人的主观情绪。传统中国画在变革中获得新生，"变"非一途。[③]

他们在学习了西方进步绘画思想和技法之后开始思考"中国画应该如何发展"这个首要的问题。作为新文化运动时期"东方画派"代表人物之一的杜亚泉，在《战后东西文明之调和》中谈到"信赖西洋文明，欲借之以免除悲惨与痛苦之谬想，不能不为之消灭"[④]，由此认为"两社会之交通，日益繁盛，两文明互相接近，故抱合调和，为势所必至"[⑤]，随后提出东西文明调和论。1917年，康有为在《万木草堂藏画目》的"序言"中提到中国画至清后期已"衰落至极"，"如仍守旧不变，则中国画应遂灭绝"。[⑥]首先提出"美术革命"的是吕澂和陈独秀。1918年1月，陈独秀在《新青年》发表《美术革命——答吕澂来信》，指出"若想把中国画改良，首先要革王画的命，因为改良中国画，断不能不采用洋画的写实精神……画家也必须用写实主义，才能够发挥自己的天才，画自己的画，不落古人的窠臼"，主张全盘西化，十分反感杜亚泉的"中西调和论"。陈独秀与康有为都批判文人写意画传统的桎梏，宣扬西方写实绘画。相对于康有为的温和，陈独秀态度更为激烈，陈独秀的"写实主义"与康有为的"形似"含义不同，陈独秀的观点是观念范畴，是西方绘画所独有，康有为的观点是画法范畴，为中西绘画所共有；批判文人画的针对性和侧重点也不同，陈独秀是全盘否定和本体否定，康有为是局部批评和主体否定。[⑦]徐悲鸿深受老师康有为的影响，将中国画的日趋灭亡归因于对传统的守旧，其中对于"守旧者"的批评与陈独秀的观点一致，主张"守之""继之""改之""增之""融之"五法，把中国画和西洋画完美结合起来，是主张中西融合的倡导者，并且他对于改良中国画的思路与康有为不谋而合，

---

① 史全生.中华民国文化史[M].长春：吉林文史出版社，1990：179.
② 阮荣春，胡光华.中国近现代美术史[M].天津：天津人民美术出版社，2005：30.
③ 潘公凯."四大主义"与中国美术的现代转型——中国现代美术之路系列研讨会文集之二：上海研讨会[M].北京：人民出版社，2010：48-49.
④ 杜亚泉.战后东西文明之调和[J].东方杂志，1917，14(4).
⑤ 杜亚泉.静的文明与动的文明[J].东方杂志，1916，13(10).
⑥ 康有为.万木草堂藏画目序[N].《中华美术报》创刊号，1918-09-01.
⑦ 潘公凯.中国现代美术之路[M].北京：北京大学出版社，2012：226.

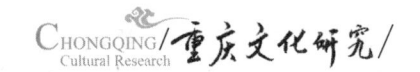

较康有为更进一步。林风眠在1926年5月出版的《东方杂志》上发表的《东西艺术之前途》一文中,从艺术的构成、东西艺术根本上之同异、调和东西艺术三个方面详细阐述了自己的思想,认为西方艺术形式构成倾向于客观面,缺少情绪表现;东方艺术倾向于主观,易陷入无聊的戏笔,在世界新艺术产生之际,东西艺术互相取长补短,正是我辈努力的目标。与陈独秀和徐悲鸿的区别就是林风眠的改革之路更加温和、更贴近于传统,他对传统的理解超越了前人,将中国绘画的长处与西方绘画的长处无缝衔接,这也是前人没有注意到的一点。

一众持改革中国画大旗的先进知识分子不约而同地对文人画守旧仿古的旧思想不满,尤其是对人物画的发展现状不满,随之主张在中国画中引入西方的写实手法,融合中西的精华,发扬其个性,既要符合社会现实,又要合乎艺术发展规律。他们的思想为现实主义中国画的发展提供了支撑,开启了中国画发展的新纪元。

没有行动的想法都是空想,唯有将想法付诸行动方可实现目标。先进的知识分子在战时集聚重庆,以自己的思想自觉引领行动自觉,例如徐悲鸿、林风眠、张大千、傅抱石、李可染、关山月、倪贻德等,他们把大部分时间都用来思考如何为抗日救国做贡献,有的进行绘画创作传播,有的进行艺术教育,诸如组建社团、举办展览、创办刊物、举行募捐、举办研究会活动等,指引抗日活动的发展。教育是立国的根本,抗战时期国画家举办了各种美术院校、绘画训练班、美术社团等活动,将自身的优质资源传授给学生,促进了当时乃至20世纪后半叶中国画的发展。尤其是傅抱石、关山月、徐悲鸿等艺术家坚持"艺术救国"的理想,直面现实人生,用画笔表现战争场景和深受疾苦的民众,秉承现实主义的人文关怀,描绘人民在战火下的生活,转变以往的传统国画表现方式,进行美术审美观念和价值体系的转换,确立了中国美术创作的现实主义方向。在提倡革新中国画和推动现实主义美术运动的过程中,以"折中中外、融合古今"为宗旨的岭南画家们做出了划时代的贡献。他们受新文化运动的影响,大胆将西方的写实画法融入中国画中,一洗国画重笔墨骨法的原则,形成了具有地域特色的"新国画"画风,这是民国初年画坛上最早革新中国画的典范。作为重庆抗战时期改革中国画核心倡导者的徐悲鸿,主张立足于现实进行美术创作,投身于革新美术教育中,影响了当时大批美术人才。他在1938年创作的《巴人汲水图》(图2)是其最具时代性的经典画作,亦被公认为是其国画创作中现实主义的开篇之作。这幅画构图奇

图2 《巴人汲水图》(1938年) 纸本设色 徐悲鸿

特,运用中国传统笔墨的皴擦,融合西方绘画的素描技法,作品的现代气息十足,一眼望去便可感知那时人民生活劳作的艰辛,以及重庆人民世代相传的抗争及吃苦耐劳的精神。

这一时期,因现实主义思潮的出现开启了各绘画语言对民族艺术形式的探索,西方油画对中国传统绘画的影响主要表现在对现实的关注以及写实思想和技法方面。抗战时期重庆的油画和中国画相对于黑白的木刻版画和漫画来说,内容更加精妙,色彩更加鲜明丰富。而油画因自身的写实造型和光影特色,相比国画更能直接地再现抗战情景。"五四"新文化运动对写实主义的崇尚,使得此时期的油画作品结合中国现实探索油画的本土特色,发展成中国化的西洋画。然而此时的中国传统绘画遭遇危机,民众都怀疑中国画是否可以适应抗战的需要,正如清初民初的中国画需要改革一样,导致中国画的发展稍显缓慢。这个时期重庆的国画家直接表现抗战场景和民众受难系列题材的作品不算多,像谢稚柳、黄君璧等人,并未有直接反映时代精神和抗战现实的作品,甚至连影射现实的历史题材也微乎及微,不禁使人为之诧异。这也可看出他们一方面并没有贴近当时的现实生活,感同身受,另一方面也可看出他们艺术表达上的局限。[①]虽然没有直接表现时代精神和现实生活,但是关山月等人在抗战时期常出去面对自然写生,尤其是在少数民族地区写生,体验当时的乡土人情,促进了民族团结,创作了一批继承和创新传统中国画的作品,且直接或间接地弘扬了传统中国画的民族精神。一般来说,中国的传统文人有着强烈的使命感和责任感,非常注重个人的道德修养和文化内涵,[②]在抗战时代创作的内容要么与民族精神主题相统一,要么与抗战时代主题相契合。

战时整个民族在很多方面都落后衰败,深深地影响了人们对中国传统绘画的认知和看法,加上西方文化的冲击,中国画面临巨大的挑战,中国传统艺术中的大量内容都处于一种压抑的状态,传统艺术衰败论等极端论断开始出现。随着改革中国画中坚力量的到来,引进现实主义和科学精神,中国传统艺术开始由古典向现代转换,国画家的艺术创作进入"源于生活,高于生活"的境界。

三、坚持"艺术救国"的理想

抗战时期,得益于现实主义思潮和科学精神的涌入,国画的功能已经逐步由为艺术而艺术转化为服务抗战救国,作为政治意识的宣传和教育工具向日本侵略者开战,只不过这是一场没有硝烟的战斗。肩负民族责任感的国画家开始进行文化反思,坚持"艺术救国"的理想,用画笔做武器,与全国人民共同抗战。与此同时,致力于国画创作的画家们以写实主义为主要的艺术表达方式,利用笔墨色彩对视觉的鲜明冲击,开始着力复刻现实的真实,反映战争背景下的颠沛流离与民族精神的坚韧。这一时期重庆中国画画坛涌现了很多国画家,例如徐悲鸿、傅抱石、关山月、张善子、赵望云、沈逸千和张书旂等,他们都在积极探索抗战新国画的发展,以此彰显出抗战美术改革的成就显著,抗战作品中无不显示出艺术救国和改良中国画的决心,有异曲同工之妙,身为中国现代美术教育事业奠基者的徐悲鸿在此时期的作用尤为突出。

---

① 阮荣春,胡光华.中华民国美术史[M].成都:四川美术出版社,1992:286.
② 王玲娟.诗画一律:中国古代山水画研究[M].合肥:安徽美术出版社,2008:48,112.

徐悲鸿在1937年11月随中央大学西迁至重庆,早年在法国留学,受到西方现实主义绘画思想以及油画、素描写实技法的熏陶感染,特别是法国学院派大师达仰对待艺术要诚实自信的态度引导,加上"五四"新文化运动所推崇的自由、科学与民主等思想的影响,这都与徐悲鸿选择写实主义创作之路有着千丝万缕的联系。同时,为了推动改良中国画的发展进程,徐悲鸿积极推行写实主义美术教育,并将其传播到全国各地,为中国美术建设队伍的壮大贡献了力量。徐悲鸿曾说过:"元四家为八股山水祖宗,惟以灵秀淡逸取胜,隐君子之风,以后世无王维,即取之为文人画定型,亦中国绘画衰微之起点。"[1]将写实造型融入中国画的笔墨中去,促进中国画贴近大众生活和社会抗战需求。"素描为一切造型艺术之基础"是其美术教育的核心理念,由此培养了大批优秀的国画家,主张师法自然,对景写生,取材于社会现实生活,创作的国画作品深具时代精神。虽然是在中国画里注入了西方写实绘画的诸多理念,但画面的语言形式究其根本还是中国化的,素描只是辅助作用,作品中既有西方绘画的真实性,又有中国传统绘画的表现力。徐悲鸿改革中国画是在用墨的基础上加入了西方绘画的明暗和光影元素,尤其注重传统中国画的笔法和书写性,融合中西绘画精华于一体,创新中国画,在徐悲鸿的《愚公移山》《巴之贫妇》《洗衣》《九方皋》等作品中都有所展现。

《巴之贫妇》(图3)是徐悲鸿1938年在重庆夜晚中见到一位步履蹒跚的老妇人形象有感而画的。那时的徐悲鸿对于自己迷茫的人生深感无助,恰逢看到了一位拄着拐杖的老妇人,捡起地上被人扔掉的半个馒头吃,不仅没有沮丧反而哼起小曲。在那个战火纷飞的年代,生活艰辛,老妇人积极面对生活的态度深深感染了徐悲鸿。画面里的老妇人形象生动,徐悲鸿在画中运用骨法用笔的方式表现人物,在写意性的笔墨中渗入西画的光影和明暗,使画作深具西方画写实造型的特色,尤其是老妇人的面部细节刻画层次分明,更具立体感,利用书写性的线条勾勒人物形象,形神兼备。

图3 《巴之贫妇》(1938年) 纸本水墨 徐悲鸿

---

[1] 王震.徐悲鸿文集[M].上海:上海画报出版社,2005:74.

由此可见，徐悲鸿将西方写实主义运用于改造中国画的创作实验是成功的。他善于取材现实生活中活生生的人物形象，运用中国画传统的骨法用笔和书写性的线条勾勒再现对象，吸收西画的明暗、光影的营养，表达自己的主观思想，以写意的方式传之，达到创新中国画的目的。

　　在留学回来后的傅抱石，改变了之前认为"中西在绘画上永远不能并为一谈"的观点，将西方绘画技法的现代艺术精髓融于自己的画中，对传统中国画有了新的反思。他在1937年7月发表的《民国以来国画之史的观察》一文中明确提出中国画需要改革的论断。在抗战时期，傅抱石坚持不懈地宣扬中国绘画精神，强调绘画追求对描绘对象的纯粹形象观赏和审美塑造，即"中国的绘画是'超然'的制作"，将传统文人的"人品"含义提升到爱国情感与文化继承的层面，让自己的作品达到抗战的效果。[1]傅抱石在1939年随"第三厅"来到重庆。1943年傅抱石听到夫人念《楚辞》时，突然联想到日寇正侵略祖国的大好河山，心生痛恨，奋笔创作了屈原《九歌》组画中的《湘夫人图》，其形象类似《女史箴图》中的班婕妤。班婕妤贤德与美貌并存，但晚景凄怨，傅抱石思量后将此特征融入湘夫人里面。画面设色幽淡，画风古雅，湘夫人面色丰腴，神态凝重，仪态端庄，体态颀长，其双目以淡墨勾勒逐渐加深，墨色层次变化丰富，灵动的双眸跃然纸上，高古游丝描似的裙衣丝带随风飘荡，裙衣薄而透的质感被表现得淋漓尽致。傅抱石巧妙地将树叶顺势分布于画面左上方至右下方，多了几分装饰意趣，线条勾勒潇洒飘逸，纵情写意的笔触形成鲜活的墨韵，观者置身其中，仿佛身临其境。仕女人物的精神气质被傅抱石高度还原，身边的枯叶飘落渲染了当时凄凉的氛围。湘夫人不仅仅是感官上的美人，更是艺术家理想的化身，他借此表达对抗战终将胜利的信心。在重庆的八年间，即使条件有限，傅抱石也始终不忘备受煎熬的民众，以画作来鼓舞人心。

　　傅抱石在重庆郊区的金刚坡生活了七年多，这也是他创作力最旺盛的阶段，他在山水风雨画中创立的"抱石皴"，也得益于此。"抱石皴"是他在古人披麻皴、解索皴等皴法的基础上生发的。金刚坡重峦叠嶂，常见暴雨来袭，山雨呼啸，傅抱石对此特殊的环境深有感受，在滋养艺术细胞的同时也触发了他的创作灵感，他在这里创作了一系列的风雨山水画，描绘了"一半山川带雨痕"的意境。在1943年所作的山水画巅峰之作《巴山夜雨》（图4）中，傅抱石吸收西画的笔触，独创大笔铺排的皴法，以塑造大块面的山石，所画雨水的气势无固定形状，通过控制下笔的方向与力度速度表现出暴雨的急速与力量的迅猛，强化其带给人的真实感受，亦指当时风雨如磐的社会现实。这些表现手法在傅抱石的《潇潇暮雨》《万竿烟雨》等作品中也有出现。

---

[1] 傅抱石.傅抱石论艺[M].叶宗镐，万新华选编.上海：上海书画出版社，2010：10.

图4 《巴山夜雨》(1943年) 纸本设色 傅抱石

在傅抱石看来,只有大力宣扬民族文化精神,维系中华民族的凝聚力,才能将抗战进行到底。他的作品中无不以绘画的形式践行其奉行的理念。他惯用作品来揭露日本对中华民族犯下的罪行,以笔墨的方式抒发对民族的担忧,用民族精神唤起民众抗战意识,振奋人民的民族自信心。傅抱石的画作多用隐喻的方式来抒发抗战救国的志向,为了更好地与观者产生共鸣,作品的四周往往会以题跋的形式点明内涵,便于观者准确地解读画中之意、画外之音。

关山月是1940年下半年始经韶关、桂林辗转抵达重庆,1941年到1945年间多次举办个人展览,例如"关山月抗战画展""西北纪游画展"和"西北写生画展"等。在关山月看来,傅抱石是其志同道合的朋友,亦师亦友。抗战年代傅抱石在陪都重庆中央大学和国立艺专教书,而关山月在我国西南、西北各处写生,虽然接触不多,但是每次关山月在重庆举办展览,傅抱石都会去看,二人进行短暂的交流。还有一点就是两人都是来自旧社会,亲身经历过穷画家的苦难,有些想法不谋而合。关山月深受高剑父新国画"折中中西,融汇古今"的精髓影响,对待传统绘画既整体保留又局部创新,通过写生将思想落到实处。也正是因为关山月经历过抗战年代的颠沛流离的难民生活,目睹了广大群众食不果腹的凄惨状况,才坚定了他通过写生深入了解现实生活,仔细观察精心描绘以再现真实境况的决心,创作了一批具有抗战宣传作用的画作。对日寇侵华的强烈反抗意识、批判意识,是他最重要的特性。

例如1939年他在澳门创作的《三灶岛外所见》,以一种照相式的观看还原战争的残酷。敌机掠过,烟火中腾飞的木船碎片、东倒西歪的桅樯和落水呼号的船民,还有一些劳苦大众用以维持生计的劳作工具,整幅画凸显了战争的惨烈。这些不稳定因素强化了画面的紧张感,突出了人物所处的悲剧氛围。1942年在重庆境内的写生作品《嘉陵江码头》(图5)和《嘉陵江之晨》即是关山月在对景写生的基础上整理创作而成的。从这两幅作品来看,他采用的是西方焦点透视,其构图巧妙,外在形式有张力,层次分明,设色淡雅,线条有节奏,画面在主色调的调和下,将其局部色彩有秩序地排列组合。两幅作品虽然仍是水墨为主,且反复渲染画面,但没有过于在意传统的笔墨语言和趣味,在用笔和设色上注重物体的明暗体积,利用墨的浓淡干湿来表现真实场景,再现了当时的凄惨场景,现实感十足。关山月写生并不是客观的场景描摹,而是透出艺术家对那个时代人民的深切关怀和对现实的批判。

图5 《嘉陵江码头》(1942年) 纸本设色 关山月

张善子1937年来到重庆,他早年留学日本,参加了孙中山先生组建的同盟会。抗战在渝期间他宣传抗日救亡的国画题材多取材于中国历史上的爱国故事和英雄人物,如《苏武牧羊》《精忠报国》等。世人皆知抗战时他以画虎著称,自号虎痴,通过虎来象征中华民族面对敌寇不畏惧、不退缩、奋勇抵抗的决心。张善子亲身经历过日本对重庆的狂轰滥炸,把愤怒凝诸笔端,画了一幅《怒吼吧,中国》,画中共有28只猛虎,代表的是当时中国的28个省区,怒目张牙,奔腾着扑向落日,以左下角一颗快要落下的太阳来影射日寇,28只老虎形态各异,笔墨浓淡有节奏,线条灵动,集结成群,围成包围圈朝着一个方向齐头并进,象征着全国人民团结一致共同抗日。这幅画虽是水墨画,但视觉冲击丝毫未减,不怒自威的表情和跃然纸上的气势都是张善子画中老虎必不可少的特征。为了画好老虎,张善子家中也养了老虎,他仔细观察老虎的动态特征和生活习性。画面右下角题写:"雄大王风,一致怒吼;威撼河山,势吞小丑!"充分表达了中华民族势必会打败日寇的信心和意志。张善子的作品充满生活情趣,轻松幽默自然。他关注社会生活当下,在绘画时把握住易忽略的细节,将事物描绘得绘声绘色。

四、承载艺术家的社会责任

抗战爆发,激发了全国文化人和艺术家高昂的民族自尊心,众多艺术家表现出强烈的捍卫民族尊严和振兴民族传统艺术的责任感。作为抗战文化中心文坛的重庆,在此时期为我们民族解放事业的进程做出了杰出的贡献。

国画大师以独特的笔墨形式和语言弘扬抗战救亡的家国情怀,彰显大义凛然的民族气节,增强了大众患难与共的民族意识。他们为在发扬笔墨优良传统之时达到更好的宣传效果,纷纷采用民众喜闻乐见的方式,借用题跋作为文字辅助,尽其所能地让画面的内容与形式富含民族的、地方风俗的特色。艺术家们用饱满的热情,满怀斗志地描述着每一张抗战的面孔,每一个形象都展现了时代英雄深沉的内心和思考,不管是光辉领袖还是普通民众的民族形象皆象征着正义的精神。艺术家将现实生活的内容直接提炼到了画面上,社会生活的本质跃然纸上,使观者有身临其境之感。这类作品是社会性和艺术性的结合体,表达了艺术家强烈的爱国热忱,在宣传抗战精神的同时感染大众并给予人民力量。

国画家们不仅在国内宣传抗战,还将作品推向国外的义卖美展,并将善款捐资抗战。像徐悲鸿、张善孖和张书旂一类的国画大师就是在中国最需要国际援助的时候毅然决定背井离乡、走访海外,用自己的画笔宣传中国的抗战作品,传播中华优秀传统文化,在海外各地举办募捐画展,所得善款悉数寄回国内支援抗战,将昭示世界和平的作品呈现给全人类,呼吁世界各国人民支持中华民族的抗战事业,促进国内外艺术友好交往,增进彼此的了解,将热爱和平的民众都联系起来,不同程度地推进了世界反法西斯阵营的团结和其美术的发展。

时至今日,当我们追忆这段特殊历史时期的美术运动时,就会发现正是这批传统中国画家们对传统文化艺术和传统民族精神的坚持,以及不同程度的吸收和创新,加上中华民族文化特有的坚忍不拔的精神,才使中国画的优秀传统即便是受到了外来文化及战乱的影响,还得以继承与发扬,并在之后成就了一大批国画大家。在21世纪的今天,我们去研究抗战时期的美术,特别是中国画的文化价值,不仅有利于唤起艺术家的民族自信心和责任感,也有利于思考中国当代艺术发展的趋势。身处新时代的我们必须努力改革,丰富自己的语言,面对当下生活常态认真研究和思考新问题,在复杂的艺术发展道路中与自己进行内心的情感沟通以求思想的升华,进而创作出源于现实又高于现实的作品。

五、结语

重庆特殊的地理位置和地貌,加上独特的气候特征,不仅促使重庆成为世界反法西斯战争美术发展的中心之一,而且为艺术家的创作提供了灵感。"五四"新文化运动的科学主义思潮引导这时期的美术逐步向主题性、现代性迈进。中国重庆抗战美术是世界反法西斯美术的重要组成部分。在抗战时期,国画家们以文明使者的身份将画作传到海外,在宣传抗战的同时激起国际盟友的同情,拉近爱好和平的国家间的距离,加强了中国抗战美术与国际反法西斯文化艺术之间的联系。虽然中国传统绘画在战时受到西方现代文化的冲击,与其产生碰撞,但进步的艺术家由此受到启发并随之开始思考中国画该如何发展,认为不能再像以前一样故步自封,需要不断改革、丰富自己的语言,提取外来文化的精粹,积极主动地与同时代的艺术家进行真诚的交往交流,进而直面现实,用艺术的语言来表现高于现实的作品。

抗战时期重庆的这些国画作品,是凝聚了这一特殊年代国画家们思想感情和思维修养并与当时社会现实进行心灵碰撞的智慧结晶,每一幅作品都是国画家个性和独特气息的呈现,但从整体来看又都体现了一个民族在深受苦难时强大的凝聚力和富有时代精神的创造力。它们作为时代的产物,为后世留下了不朽的文化瑰宝,对当时和今天的中国美术发展起到了一定的启迪作用。

参考文献:

[1]阮荣春,胡光华.中华民国美术史[M].成都:四川美术出版社,1992.

[2]潘公凯.中国现代美术之路[M].北京:北京大学出版社,2012.

[3]黄宗贤.抗日战争美术图史[M].长沙:湖南美术出版社,2005.

[4]苏光文.抗战时期重庆的文化[M].重庆:重庆出版社,1995.

[5]阮荣春,胡光华.中国近现代美术史[M].天津:天津人民美术出版社,2005.

[6]民革中央孙中山研究学会重庆分会.重庆抗战文化史[M].北京:团结出版社,2005.

[7]傅抱石.傅抱石论艺[M].叶宗镐,万新华选编.上海:上海书画出版社,2010.

[8]龙红,廖科.抗战时期陪都重庆书画艺术年谱[M].重庆:重庆大学出版社,2011.

[9]王震.徐悲鸿文集[M].上海:上海画报出版社,2005.

[10]张少侠,李小山.中国现代绘画史[M].南京:江苏美术出版社,1986.

[11]梁勇第.抗战时期陪都重庆国画中的题跋研究[J].中国书法,2017(16).

[12]裔萼.为国难写真——抗战写生画概述[J].美术观察,2015(11).

[13]陈晓南.抗战时期重庆的美术活动概况[J].美术研究,2002(2).

[14]凌承纬,张怀玲,郭洋.中共中央南方局与大后方抗战美术运动[J].美术,2011(8).

[15]张晓凌.五四新文化运动与中国美术的现代转型[J].美术,2019(5).

[16]曾小凤.论五四新文化运动作为中国美术批评现代转型的起点[J].美术,2019(5).

[17]穆允军.文化比较视域下"五四"新文化运动再思考[D].济南:山东大学,2010.

[18]华天雪.徐悲鸿的中国画改良[D].北京:中国艺术研究院,2006.

[19]郝银忠.关山月绘画思想研究[D].石家庄:河北大学,2007.

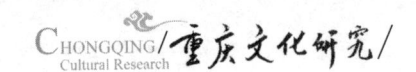

孔庄丧葬观之比较与启发

方世勇

(西南大学)

【摘要】孔子与庄子作为儒家与道家的先贤式人物,其各自的丧葬观对中国社会产生了极大的影响。本文主要探讨的是孔子重"礼"与"情"的丧葬观和庄子重"简"与"乐"的丧葬观及二者丧葬观的比较,在对比中凸显出孔子的思想以及庄子的思想。从孔子的丧葬观与庄子的丧葬观的比较中,可得出一个结论:二者从表层意义上看是相互矛盾、格格不入的,但从深层意义上看却是相互联系、相互补充的。

【关键词】孔子;庄子;丧葬观;比较;启发

一、孔子的丧葬观

孔子作为儒家的代表人物,其核心思想是"礼"与"仁",孔子在《论语》中提倡无论是大到治理国家还是小到做人做事都要符合"礼"与"仁"的要求,所以孔子的丧葬观也是以"礼"与"仁"为标准的。孔子的丧葬观主要表现在两个方面,即要求以"礼"对待丧葬和以"情"对待丧葬,以此窥探出孔子以"礼"与"仁"为主的思想。

(一)以"礼"对待丧葬

孔子要求以"礼"对待丧葬中的"礼"是周礼,即要求在丧葬中要符合周礼的标准。在《为政》篇中便表现出孔子的这种丧葬观:"子曰:'生,事之以礼;死,葬之以礼,祭之以礼。'"即体现出孔子以"礼"对待丧葬的丧葬观。在《子罕》篇中也记载了孔子重"礼"的丧葬观:"子疾病,子路使门人为臣。病间,曰:'久矣哉,由之行诈也!无臣而为有臣。吾谁欺?欺天乎!且予与其死于臣之手也,无宁死于二三子之手乎!且予纵不得大葬,予死于道路乎?'"孔子在这段话中将自己遵守以周礼为标准的丧葬礼仪的意愿表现得淋漓尽致。当孔子的学生要以超规格的葬礼安葬孔子时,孔子表现出了强烈的不满,因为孔子是一个严格遵守礼仪的人。在孔子心中,不同地位的人有不同的丧葬礼仪,而他还表示自己即使不能高规格地下葬,也不会死在路上,而是会以一定的葬礼安葬,这也体现出了孔子遵守周礼的丧葬观。孔子这段话也是针对春秋时期礼崩乐坏的大背景提出的,当时的一些诸侯和大臣不遵守一定的葬礼标准,有的诸侯甚至以天子的葬礼来安葬自己,这是孔子极为反对和唾弃的。

在《先进》篇中也记载了孔子以"礼"对待丧葬的例子:"颜渊死,颜路请子之车以为之椁。子曰:'才不才,亦各言其子也。鲤也死,有棺而无椁。吾不徒行以为之椁。以吾从大夫之后,不可徒行也。'"孔子拒绝颜路有两方面的原因:一是因为颜渊家庭贫困,按照葬礼不应厚葬,应薄葬。孔子是严格遵守以周礼为标准的葬礼的,所以即使是自己的亲传弟子,在安葬时也会以一定的葬礼来执行,并不会违反礼制。《先进》篇中记载的"颜渊死,门人欲厚葬之。子曰:'不可。'门人厚葬之。子曰:'回也视予犹父也!予不得视犹子也!非我也,夫二三子也!'"便是很好的佐证。所以,孔子在这里一方面是为了遵守自己心中的葬礼而委婉地拒绝颜渊的父亲颜路的请求;另一方面是因为孔子曾经当过鲁国大司寇,为大夫职位,按照当时的礼节,大夫是应该乘车外出的,而孔子拒绝颜路的请求也是为了不违背礼制。所以在孔子眼中,不能因为不当的葬礼而违背其他的礼制,孔子是严格遵守这个标准的。在《先进》篇中记载了颜渊死后孔子的态度:"颜渊死。子曰:'噫!天丧予!天丧予!'""颜渊死,子哭之恸。从者曰:'子恸矣!'曰:'有恸乎?非夫人之为恸而谁为?'"这些都表现出了颜渊死后孔子悲痛欲绝的状态,也体现出了孔子对于颜渊的喜爱。所以孔子无论是拒绝颜路的请求,还是反对弟子厚葬颜回,都不是无义的表现,而是想遵守自己心中重"礼"的丧葬观。在《子罕》篇中记载的"出则事公卿,入则事父兄,丧事不敢不勉,不为酒困,何有于我哉?"也体现出孔子要求以"礼"来对待丧葬的观点。

《论语》主要是从宏观的角度来展现孔子主张以"礼"来对待丧葬的观点,但并没有去细分在丧葬中的各种礼仪。《礼记》便细致地记载了孔子在丧葬中所要求的各种礼仪。例如在丧葬中的发型之礼:"南宫绦之妻之姑之丧,夫子诲之髽曰:'尔毋从从尔,尔毋扈扈尔。盖榛以为笄,长尺而总八寸。'"在丧葬中的丧服之礼:"夫子曰:'始死,羔裘玄冠者,易之而已。'羔裘玄冠,夫子不以吊。"接受丧葬祭肉之礼:"颜渊之丧,馈祥肉,孔子出受之。入,弹琴而后食之。"在丧葬中的拱手之礼:"孔子与门人立,拱而尚右,二三子亦皆尚右。孔子曰:'二三子之嗜学也,我则有姊之丧故也。'二三子皆尚左。"在丧葬中的棺椁停放位置之礼:"夫子曰:'赐,尔来何迟也?夏后氏殡于东阶之上,则犹在阼也,殷人殡于两楹之间,则与宾主夹之也,周人殡于西阶之上,则犹宾之也。'"在丧葬中的陪葬品之礼:"孔子曰:'之死而致死之,不仁而不可为也;之死而致生之,不知而不可为也。是故竹不成用,瓦不成味,木不成斫,琴瑟张而不平,竽笙备而不和,有钟磬而无簨虡,其曰明器,神明之也。'"从以上所述可知在丧葬时需要遵从的礼仪是非常繁多的,孔子的丧葬观是严格按照周礼来执行的,也体现出了孔子"克己复礼"的思想主张。

(二)以"情"对待丧葬

孔子思想中最重要的两个概念是"礼"与"仁",就二者的关系来讲,"礼"是为实现"仁"这个目标服务的。《八佾》篇中记载的"人而不仁,如礼何"便是对"礼"与"仁"二者关系最好的诠释。在第一部分"以礼对待丧葬"中就体现出了孔子重"礼"的思想,一切行为都要符合"礼"的要求,作为丧葬更是如此。但孔子要求丧葬要合乎"礼"是以"仁"为根本的,如果有的丧葬符合"礼"的要求而违背"仁"这个根本的话,孔子也是反对的。孔子所提倡的"仁"包含的是仁爱、真情等情感层面的内容,"仁"是人类普遍具有的真情实感,是符合人道主义的"仁"。正如张荫麟在《中国史纲》中写的:"礼固是孔子所看重的。他说'不学礼,无以立'。但每一种礼节原要表示一种感情。感情乃是'礼之本'。无本的礼,只是虚伪,那是孔子所深恶的。他把礼之本看得比礼文还重。"张荫麟在这里便认为"礼"的本体是"情",故"情"与"仁"是相通的。李泽厚在《论语今读》中也说:"不是天本体、气本体、理本体、心本体、性本体,而是情本体才是儒学的要点所在。"他还说:"孔子所建本体为'仁',即此情之提升。"说明孔子所提倡的"仁"便是"情"的体现,以"情"对待丧葬中的"情"便是"仁"的内涵。"情"在这里有两个层面的含义:第一个层面的"情"是在丧葬中要有符合人道主义的仁爱之情;第二个层面的"情"是对待丧葬要表露出内心真实的悲伤之情。

  以"情"对待丧葬的第一个方面是要在丧葬中体现出仁爱之情。孔子在丧葬中特别重视仁爱之情,当丧葬中的"礼"不符合仁爱之情时,孔子会反对这个"礼"而重仁爱之情。例如,从西周至春秋时期,还有着用活人来殉葬的事情发生,这是符合当时葬礼的,比如秦穆公死时,便用"三良"来殉葬。这种葬礼严重违背了孔子以"仁"为主的丧葬观,所以孔子对最开始用木俑、土俑来殉葬的做法也大加批判:"仲尼曰:'始作俑者,其无后乎!'"(《孟子·梁惠王上》)体现出了孔子在丧葬观中的仁爱之情。《礼记·檀弓》中也记载:"孔子谓为刍灵者善,谓为俑者不仁,不殆于用人乎哉!"在这里孔子也是在批判用活人殉葬的做法。可见孔子的丧葬观虽是严格遵守周礼的标准,但当"礼"违背了"仁"这个根本时,孔子便会反对这种"礼",表现出了孔子的人道主义精神,体现出了孔子"仁者爱人"的思想,凡是不人道的丧葬礼仪,即使符合"礼制",孔子也会愤怒地加以谴责。孔子在丧葬中的仁爱之情还体现在同情别人的失亲之痛,《乡党》篇中记载了孔子遇到有关丧葬事物时的态度:"见齐衰者,虽狎,必变。见冕者与瞽者,虽亵,必以貌。凶服者式之,式负版者。"孔子看见穿孝服的人,即便是最亲密的,也一定会改变态度以表示同情,在车上遇着拿了送死人衣物的人也会表示同情。孔子即便是没有参加丧葬,只是在路上看见这些有关丧葬的事物,便会表示哀悼和同情,体现出的是孔子在丧葬中的仁爱之情。《乡党》篇中载:"朋友死,无所归,曰:'于我殡。'"体现出的也是孔子重仁爱之情的丧葬观。不管是对于人殉的批判、偶遇丧葬事物时的做法,还是主动安葬朋友,都表现出了孔子以"情"对待丧葬的丧葬观。

  以"情"对待丧葬的另一个方面是要用悲伤之情去表达出对逝去之人的哀悼。当丧葬中的"礼"已约束到这个"情"时,可以尽"情"而少"礼"。"情"在这一层面是要求在参加葬礼时要表现出内心的悲伤之情,这个"情"是真情的表露,是毫无虚伪的"情"。例如在《八佾》篇中就记载了孔子以"情"对待丧葬的要求:"居上不宽,为礼不敬,临丧不哀,吾何以观之哉?"便强调面对葬礼时应表现出内心的悲伤、哀悼和严肃认真。《八佾》篇中记载:"林放问礼之本。子曰:'大哉问!礼,与其奢也,宁俭;丧,与其易也,宁戚。'"孔子答林放之语也直接地表现了孔子要求在丧葬中应表露出哀伤之情。《礼记·檀弓》篇中记载:"子路曰:'吾闻诸夫子:丧礼,与其哀不足而礼有余也,不若礼不足而哀有余也。'"就体现了孔子要求少"礼"而重"情"的观点,强调的是在丧葬中要尽量地表现出内心的伤悲之情而不必过多地拘束于"礼"。孔子还直接赞扬了万分悲痛的孝子:"孔子在卫,有送葬者,而夫子观之,曰:'善哉为丧乎!足以为法矣,小子识之。'子贡曰:'夫子何善尔也?'曰:'其往也如慕,其反也如疑。'子贡曰:'岂若速反而虞乎?'子曰:'小子识之,我未之能行也。'"体现出了孔子对于在丧葬中流露出悲痛之情的重视。上述所举的例子都体现了孔子以"情"对待丧葬的丧葬观,要求每个人在面对丧葬时应表现出内心的悲伤,表现出内心的沉痛,这也是对逝去之人的尊重。

以上便是孔子的丧葬观,其丧葬观体现出了孔子以"仁"为主、"礼"为辅的思想。孔子试图恢复周朝的礼制,他所提倡的丧葬观便是对周礼的践行,符合他所倡导的"克己复礼"的标准。但孔子更强调"仁"的作用,当葬礼不符合他心中"仁"的标准时,他便会反对这种葬礼,可见孔子对待周礼并不是全盘接受的,而是辩证看待的,所以其理想的丧葬观应是"礼"与"情"的交融。孔子的丧葬观重视的是作为社会个体的人及其所属的社会身份,以此来维系以血缘关系为纽带的家族关系和维护社会的稳定。这种丧葬观着眼于现实层面,并未涉及精神层面的超脱与永生,故其构建的是对于死亡的沉痛感。

二、庄子的丧葬观

庄子作为道家的代表人物之一,他的丧葬观自然是与其天马行空的思想相契合的。庄子的丧葬观主要表现为两点:第一是追求简葬,第二是追求"临尸而歌"。庄子的丧葬观体现其重视精神永生的思想,其丧葬观是对于孔子所提倡的丧葬观的解构与反叛,目的在于消解世人对于死亡的沉痛感。所以从这层意义来看,庄子的丧葬观是不同于孔子的丧葬观的。

(一)追求简葬

庄子丧葬观的第一个观点是追求简葬,庄子的简葬强调的是不需要任何棺椁、陪葬品之类的物品,以求自己的形体与万物融合。例如在《列御寇》篇中就记载了庄子的这种丧葬观:"庄子将死,弟子欲厚葬之。庄子曰:'吾以天地为棺椁,以日月为连璧,星辰为珠玑,万物为赍送。吾葬具岂不备邪?何以加此!'弟子曰:'吾恐乌鸢之食夫子也。'庄子曰:'在上为乌鸢食,在下为蝼蚁食,夺彼与此,何其偏也!'"庄子将他的丧葬观扩大为具有宇宙意识的丧葬观,他已不再以世俗的葬礼作为标准,而是用宇宙万物来作为自己丧葬的陪伴,展现出了庄子无比旷达、逍遥的胸怀,是常人难以企及的。庄子从宏观的角度阐释了形体与万物合一的状态,已不看重所谓世俗的厚葬,而是执着地追求自己心中的简葬。

庄子说:"在上为乌鸢食,在下为蝼蚁食,夺彼与此,何其偏也!"又从微观的角度来展现其追求简

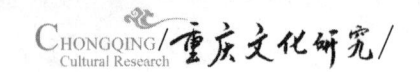

葬的理由。庄子已把自己的形体与世间万物相融合,故其认为无论是露天还是土埋对自己的形体已毫无影响。庄子从宏观和微观两个角度阐释了自己不需要厚葬的观点,给出的理由显示出了庄子豁达的心胸和宏大的境界,将其追求简葬的丧葬观展现得淋漓尽致。

在《大宗师》篇中也体现了庄子追求简葬的丧葬观:"颜回问仲尼曰:'孟孙才,其母死,哭泣无涕,中心不戚,居丧不哀。无是三者,以善处丧盖鲁国。固有无其实而得其名者乎?回壹怪之。'仲尼曰:'夫孟孙氏尽之矣,进于知矣。唯简之而不得,夫已有所简矣。'"在寓言中颜回所说的话代表着儒家的丧葬观,认为在丧葬中要有眼泪、悲戚、哀痛这三者才可称之为善处丧者,而孔子所说的话却代表着庄子的丧葬观,庄子是以孔子之口来驳斥儒家的观点,从而更完美地展现出自己的丧葬观。正如陈品川所说:"孔子在《庄子》一书中,首先是被塑造为道家正面的形象。有时既有儒者性格而又极力宣扬道家思想,有时又直接以道家人物的形象出现,成为道家理论的代言人。"所以在《庄子》一书中,庄子经常借孔子来宣扬自己的观点。这则寓言中庄子便以孔子之口来表达出丧葬应该简化,不应该被世俗所拘束的观点。庄子意在解构孔子所提倡的丧葬观,以此来建立心中所追求的简葬标准。

(二)追求"临尸而歌"

庄子丧葬观的第二个表现是追求"临尸而歌",追求"临尸而歌"是庄子在悟出生死齐一和精神永生之后产生的,表现出庄子对于世俗丧葬之礼的反叛与解构,也体现出庄子追求精神永生的思想。在《庄子》一书中总共有五处写了关于丧葬的内容,分别是《养生主》中的秦失吊老聃、《大宗师》中的子桑户之死、《大宗师》中的孟孙才丧母、《至乐》中的庄子丧妻、《列御寇》中的庄子将死。其中有的展现出庄子受世俗丧葬之礼所束缚的境遇,有的则是展现出了庄子实践自己理想中的丧葬观的快乐。

《养生主》中的秦失吊老聃:"老聃死,秦失吊之,三号而出。"在这里庄子刻意描述秦失在吊唁老聃时的表现,庄子是故意为之,因为吊唁是世俗之礼所要求的,而庄子所追求的丧葬观是"临尸而歌"。庄子在最后说"指穷于为薪,火传也,不知其尽也",便指出了吊唁和哭泣是违背自然的做法,因为精神可以薪火相传,人便没有了生死之别。但在寓言中虽然秦失知道生死的真理,但还是被世俗之礼所束缚而不得不去吊唁和哭泣,在这里其实也表现出了庄子受世俗之礼所拘束的境遇。这种为世俗所困而假装悲伤的还有《大宗师》中的孟孙才丧母,孟孙才"哭泣无涕,中心不戚,居丧不哀"的做法便是被世俗丧葬之礼所拘束的体现。在这个故事中孟孙才的做法折射出的是庄子被世俗丧葬之礼所束缚的境遇,也体现出庄子对世俗之礼的反抗。但在丧葬中表现悲伤之情并不是庄子心中最理想的丧葬观,因为这些都是被世俗之礼所束缚的做法。庄子内心最理想的丧葬观是"临尸而歌",这才能体现出庄子追求生死齐一、精神永生的思想。

在《大宗师》和《至乐》篇中便体现出了庄子追求"临尸而歌"的丧葬观。《大宗师》中的子桑户之死:"子桑户、孟子反、子琴张三人相与友,曰:'孰能相与于无相与,相为于无相为?孰能登天游雾,挠挑无极,相忘以生,无所终穷?'三人相视而笑,莫逆于心,遂相与为友。莫然有间,而子桑户死,未葬。

孔子闻之,使子贡往侍事焉。或编曲,或鼓琴,相和而歌曰:'嗟来桑户乎!嗟来桑户乎!而已反其真,而我犹为人猗!'子贡趋而进曰:'敢问临尸而歌,礼乎?'二人相视而笑曰:'是恶知礼意!'"寓言中孟子反和子琴张在丧葬上的做法正是庄子理想的丧葬观,二人对子贡的嘲笑也折射出庄子已不再受世俗葬礼的束缚,而是无拘无束地追求"临尸而歌"的丧葬观,这就是庄子心中理想的葬礼。这种追求"临尸而歌"的丧葬观还表现在《至乐》中:"庄子妻死,惠子吊之,庄子则方箕踞,鼓盆而歌。"庄子的做法就实践了自己"临尸而歌"的丧葬观,这种丧葬观是建立在庄子已识得生死齐一的基础上的,体现出的是庄子追求精神永生的思想。如果说之前庄子还会在寓言中表现出被世俗丧葬之礼所束缚的境遇的话,那么后面庄子实践"临尸而歌"的做法便是对孔子所提倡的丧葬之礼的最大的消解与反抗,是对当时主流话语权最有力的冲击,并试图建立起以追求精神永生为基础的丧葬观。

综上所述,孔子与庄子在丧葬观方面主要有两点不同:第一点是就要求的外在条件不同,孔子要求的是以"礼"来对待丧葬,按身份等级来决定棺椁和陪葬物品的好坏;而庄子所追求的是没有任何陪葬品的简葬。第二点是就要求内心的表现不同,孔子要求以"情"来对待丧葬,在面对丧葬时要有仁爱之情与悲伤之情,孔子的丧葬观突出的是对逝去之人遗体的尊重,所以要求在丧葬中要凸显"情",孔子的丧葬观就内心的表现来讲是"哀";而庄子的丧葬观突出的是生死齐一与精神永生的思想,所以其追求"临尸而歌",就内心的表现来看是"乐"。孔子以"礼"与"情"为基础的丧葬观带来的是世人对于死亡的恐惧与沉痛,而庄子追求简葬和"临尸而歌"的丧葬观是在消解死亡的恐惧与沉痛,是对孔子所构建的死亡沉痛感的解构,以此来宣扬其生死齐一和精神永生的思想。

三、结语

孔子的丧葬观与庄子的丧葬观在表层意义上来看是不同的、相互矛盾的,但以时间发展为线来看却是可以合二为一的,合二为一的前提条件是以孔子的丧葬观作为世俗社会对待遗体的标准,而以庄子的丧葬观作为精神上的标准。孔子的丧葬观重视的是对于逝去的人的尊重,所以就要求在葬礼上表现出悲伤、哀悼等感情,要以身份等级来安葬,主要着眼于现实层面。而庄子的丧葬观却是超脱了形体的束缚而追求一种精神的永生,认为逝去之人的精神是永存的,是不受生死束缚的,所以庄子的丧葬观主要着眼于精神层面。这两种丧葬观在现实的丧葬中存在着相互联系和相互补充的关系,以时间为线可合二为一。在现实生活中,孔子的这种丧葬观会在丧葬的前期体现出来,人们会以悲痛的感情去哀悼逝去之人,会根据逝去之人的身份来制定相应的葬礼,这是人们对于逝去之人的尊重。而另一方面,庄子丧葬观中所体现出的生死齐一与精神永生的思想又能从精神层面上安慰悲伤的人们,可以使得人们相信逝去之人并没有离开,其精神会超越生死而永存。正如庄子说的那样:"指穷于为薪,火传也,不知其尽也。"这样,孔子的丧葬观与庄子的丧葬观便完美地结合起来,以时间的流逝来展现出人们是如何从对遗体的悲伤转移为对精神的赞美乃至怀念的。

参考文献:

[1]陈品川.《庄子》中的孔子形象[J].汕头大学学报(人文社会科学版),1994(3).

[2]杨伯峻.论语译注[M].北京:中华书局,2002.

[3]杨伯峻.孟子译注[M].北京:中华书局,2003.

[4]陈鼓应.庄子今注今译[M].北京:商务印书馆,2007.

[5]高倩.浅析孔子的丧葬观[J].学理论,2012(11).

[6]张荫麟.中国史纲[M].北京:中华书局,2014.

[7]王文锦.礼记译解[M].北京:中华书局,2016.

[8]李泽厚.论语今读[M].北京:世界图书出版公司,2018.

打造"巴蜀文化旅游走廊"应有"武陵民族走廊"一席之地

——《文化线路宪章》(2008)视野下的相关思考

赵心宪

(重庆第二师范学院)

【摘要】从"巴蜀文化旅游走廊"相关文献及资讯的阅读与疑问开始,通过细读中国旅游研究院院长戴斌出席"2021中国武陵文旅峰会"所做的主旨演讲《论旅游发展的地方性与现代化》,思考相关问题。巴蜀文化旅游走廊建设的世界性旅游目的地基础理论研究,可能更应关注包括"武陵民族走廊"在内的"巴蜀文化线路"的历史存在与当代延续。学术概念的"巴蜀文化旅游走廊"内涵包含资源、空间与市场三大要素,应认真研究人类学/民族学家李绍明先生对"武陵民族区"的命名及其价值取向。

【关键词】旅游目的地;巴蜀文化旅游走廊;武陵民族区;长征文化线路;巴蜀文化线路

2021年7月,"第五届苗族文化与旅游融合发展研讨会"(以下简称"本届研讨会")在重庆彭水举行,会议的主题是"发掘民族文化,打造巴蜀文化旅游走廊"。查阅相关文献资料,国家战略"成渝双城经济圈"与巴蜀文化旅游走廊建设的逻辑关系很清楚:2011年,国务院批复实施《成渝经济区区域规划》;2016年,国家发展改革委、住房和城乡建设部联合印发《成渝城市群发展规划》;2020年,中央财经委员会第六次会议提出成渝双城经济圈战略布局。三大国家战略融为一体:成渝双城经济圈、一带一路、长江经济带,打造巴蜀文化旅游走廊,就是为了实施国家战略,提升成渝双城经济圈的软实力。

2020年以来,将巴蜀文化旅游走廊建成世界知名旅游目的地的媒介资讯海量呈现。2020年1月,围绕成渝地区双城经济圈建设,川渝两地文旅部门即提出打造巴蜀文化旅游走廊动议。4月29日,巴蜀文化旅游走廊建设专项工作组联席会第一次会议在重庆市举行,四川省文化和旅游厅、重庆市文化和旅游发展委员会达成系列协议;6月22日,第二次会议在成都召开,签署多项协议,"勠力同心将巴蜀文化旅游走廊建设成具有国际范、中国味、巴蜀韵的国际知名文旅目的地"。2021年5月7日,巴蜀文化旅游走廊建设专项工作组联席会第三次会议,在重庆市铜梁区举办,"总结2020年工作

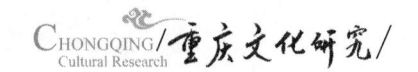

情况,讨论2021年重点工作方案",包括旅游品牌打造、艺术文化交流与提升公共文化服务水平等内容。简言之,巴蜀文化旅游走廊建设正按照川渝相关部门的"顶层"规划,一步一步扎实推进。当然,一些关于巴蜀文化旅游走廊的深层次理论、实践问题也仍在困惑着学界的研究者。

例如本届研讨会讨论"打造巴蜀文化旅游走廊"的切入点,是"发掘民族文化"。概言之,似乎研讨会已有的共识是:旅游目的地的"巴蜀文化旅游走廊"相关建设的事实、学理都是清楚的,因此,打造旅游目的地的资源问题是关键,民族文化资源的发掘成为重中之重。反省这个共识出现的问题是:所指"民族文化"是56个民族的民族文化,还是当代少数民族地区特指的"民族文化"?还是中华文化传统的民族文化?还是日常生活中泛指的中华优秀传统文化?看来,"民族文化"与巴蜀文化旅游走廊不可能互不相干地分别确认,巴蜀文化旅游走廊本体不清楚,所属"民族文化"也就说不明白。本文从有关"巴蜀文化旅游走廊"建设规划的"世界知名的旅游目的地"相关文献、资讯材料的阅读、疑问开始,通过细读中国旅游研究院院长戴斌出席"2021中国武陵文旅峰会"所做的主旨演讲《论旅游发展的地方性与现代化》,思考巴蜀文化旅游走廊及其文化线路理念问题,思考有待进一步深入,欢迎批评指正。

一、"巴蜀文化旅游走廊"相关文献、资讯的阅读与疑问

关于巴蜀文化旅游走廊的特定概念,目前看到的政策文本与媒体资讯,似乎仍然是作为一个大众耳熟能详的日常生活术语在使用。

时任四川省文联主席郑晓幸在2021年3月接受红星新闻记者采访时,对此有一个定义式的说明:"巴蜀文化旅游走廊是以巴蜀文化为灵魂,以旅游活动为载体,以传统特色文化资源保护传承利用为核心,以实现文旅产业深度融合、推动高质量发展为目标,具有国际影响力、传播力和竞争力的跨区域国家级特色文旅产业带。"他认为,成渝地区双城经济圈建设上升为国家战略,要求共建巴蜀文化旅游走廊,川渝两地文化旅游的协作发展,成为成渝地区双城经济圈建设发展的一个重要方面和重要组成部分,也是新一轮西部大开发的重点之一和西部经济增长的制高点。(人民网转载2021年3月5日红星新闻,记者李彦琴)

"巴蜀文化旅游走廊"是一个"跨区域国家级特色文旅产业带"的概括,与《重庆行政》2020年第6期上《协同打造高品质巴蜀文化旅游走廊 全力推动成渝地区双城经济圈建设》一文的认知高度一致。重庆市文旅委在总结2020年上半年规划实施巴蜀文化旅游走廊工作经验的基础上,具体阐释"打造高品质巴蜀文化旅游走廊"的意义与优势,相关规划"全面启动、成效初显"方方面面的事实,展望"将巴蜀文化旅游走廊建设成为弘扬中华文明文化高地、世界知名旅游目的地、国际经济合作和文化交流的重要平台,文旅业成为(成渝)双城经济圈建设支柱产业"[1]的2035年远景,信心满满。

"巴蜀文化旅游走廊"的概念问题,学界关注比较早。2020年底,《坚持市场导向 共建巴蜀文化旅游走廊》(《四川日报》,2020年11月9日第11版)就提出,作为成渝地区双城经济圈"旅游产业发

展的核心内容和重要载体","巴蜀文化旅游走廊既是资源概念,又是空间概念,更是市场概念",因此,旅游市场"开发导向、空间布局、产品培育、市场拓展"等方面加强川渝协作是当务之急。2021年7月6日,回顾一年半川渝"跨区域国家级特色文旅产业带"实绩,媒体如此评价:"自2020年起,川渝两地紧紧围绕'共建巴蜀文化旅游走廊'工作任务,签订各层级文化旅游战略合作协议数十份,发起成立文化旅游合作联盟10余个。川渝两地以巴蜀文化为纽带,以文化、旅游融合发展为突破口,着力将巴蜀文化旅游走廊打造成为双城经济圈亮点和世界知名旅游品牌,共建具有国际范、中国味、巴蜀韵的世界重要文化旅游目的地。"(中工网,2021年7月6日,记者王雪娟)

巴蜀文化旅游走廊建设成功与否,最终落实在打造世界性文化旅游目的地的战略问题上,从而把巴蜀文化旅游走廊概念内涵的资源、空间与市场三个核心要素统一起来,可见这个战略认识的分量。如果说网络流行的《巴蜀文化旅游走廊图谱》仅仅涉及"过去时"的历史空间问题,不足为训;当下"文旅产业带"的市场经济表述,徘徊于表面化有待深入;世界性的巴蜀文化旅游目的地"走廊"如何确认呢?巴、蜀历史人文渊源,符合"巴蜀千载情,川渝一家亲。自古以来,川渝历史同脉,文化同源,地理同域,经济同体,人缘相亲"[1]的描述,应该说这个论断也是完全成立的。但如果不是从常识出发判断,关于巴蜀文化形态的历史存在与历史衍化、融合过程,尚还需要翻阅大量历史文献细细推敲才行。例如,如果不是从历史学,或者历史地理学、政治地理学,而是从人类学/民族学视域,例如"武陵民族区"概念的地域范围,来认识巴蜀文化旅游走廊所在的资源、空间与市场,又会产生什么样的学术成果呢?但学界的反应迟缓许多。

2020年以来,巴蜀文化旅游走廊建设在政府部门积极推动下,已经紧锣密鼓相继推出了系列的"顶层设计":诸如研究提出的《推动成渝地区协同打造巴蜀文化旅游走廊研究报告》与《推动巴蜀文化旅游走廊建设工作机制》等机制文件,相继签订的《推动成渝地区双城经济圈建设战略合作协议》等系列协议,可以想见川渝文旅融合当前已经达到的境界(贵州网络电视台封面新闻,2021年3月7日)。细读重庆市文旅委提供的《巴蜀文化旅游走廊建设2020年重点工作》的7项规划:(1)争取国家编制出台《巴蜀文化旅游走廊建设规划》;(2)争取国家设立"巴蜀文化旅游走廊国家改革实验区";(3)全力打造文旅节会和巴蜀文艺品牌;(4)"打造精品线路,以嘉陵江生态文化旅游区、华蓥山生态旅游度假区、巴文化旅游艺术长廊建设等为重点,规划巴蜀文化旅游走廊精品线路";(5)建设非遗保护协调机制;(6)开展成渝旅游共享发展和合作系列活动;(7)推动成渝地区公共图书馆资源共享等。重点工作"清单"的第4和第5两个规划目标是我们应该特别重视的。

巴蜀文化旅游走廊建设,需要国家政策和国家级的规划项目支撑,第4、5、6、7四项规划都与巴蜀文化旅游走廊的"走廊"有关,4、5两项之意义不同,在于涉及"走廊"的直观存在与隐性存在两种相辅相成的形态。沿嘉陵江主干道,其"生态文化旅游区"走廊成形;沿华蓥山山脉走向,相关的"生态旅游度假区"走廊也是有区域形式的。巴文化旅游艺术长廊依此而建,可以想象。问题是,历史上巴文化的核心区域就坐实在这几个地区吗?

郑若葵先生《巴人源流和巴文化》一文论及巴早期民族史:"中国民族发展的早期历史上,巴和蜀一样,是一个活跃在中国西南地区的重要民族,但由于巴和蜀民族当时自己的民族文字还未形成系统,当自己的民族发生历史还未及产生书面记录需求或未及实施书面记录时,早在秦汉时期就已被中原汉族所融合和同化"[2],巴民族的早期发生史成为千古之谜。如果打造巴蜀文化旅游走廊这个旅游目的地,挖掘巴族文化资源,方向在哪儿?人类学/民族学家李绍明先生有关"武陵民族区"概念的命名,全面阐释过他的见解,笔者非常认同:"武陵民族区'板块式'民族格局的学术命名,充满智慧地通过概念的理论预设,观念上保留住巴文化历史变迁过程的诸多难解之谜,从巴人、巴地、巴文化、巴楚文化、巴蜀文化(还有19世纪后半期开始,地域特征鲜明表现的巴渝文化——引者注)的文化衍变、涵化与变迁等,有关土家族族源等各种民族问题一并囊括在内"[2]。巴蜀文化旅游走廊建设,可能更应关注包括"走廊"在内的"巴蜀文化线路"的历史存在。学术概念的"巴蜀文化旅游走廊"需要学理探讨的问题很多、很深、很复杂,以后有机会另文阐述;"巴蜀文化旅游走廊建设"的实践问题,首先涉及国际知名旅游目的地建设目标的内涵阐释,前不久(2021年5月27日)中国旅游研究院院长戴斌有一个专题主旨演讲,我们可以细读领会。

二、《论旅游发展的地方性与现代化》哲学思考的启示

2021年5月27日,"2021中国武陵文旅峰会"在重庆市武隆区召开,中国旅游研究院院长戴斌应邀出席并以"论旅游发展的地方性与现代化"为题,发表主旨演讲,文稿同步发表于中国旅游研究院官网。

总体而言,戴斌院长主旨演讲的特别之处,首先在于基于演讲者在国内外丰富的旅游经验,及其对世界旅游学科专业化学术前沿信息的融通吸纳,以跃升于哲学层面的学理思考,提炼出当下世界旅游发展的哲学命题之一:旅游的地方性与现代化。当代旅游可持续性发展,旅游目的地建设是"本底"性的基础问题,最终影响到当代旅游的发展方向、发展目标、发展质量和效益达成。只有全面考虑旅游目的地建设实际面临的方方面面矛盾:注意"听听世居于此的原住民发展的愿望,想想文化、艺术、科技、教育与旅游的互动,在现代化的进程中重构传统与现代、地方与世界的关系"[3]。因此,自觉跃升于哲学层面,努力超越旅游目的地的地方性认识层面,借助于"当代旅游的地方性与现代化"辩证关联的学理透视,抽象概括出其中的核心理念要素,再应用于旅游目的地建设实际问题的解决,形成具体对策。

戴斌院长主旨演讲的三部分内容安排,即由上述的哲学式思维方法一以贯之:(一)"当代旅游发展要着眼于地方性,更要关注现代化";(二)"武隆旅游的地方性审视和现代化展望";(三)"守护地方性,面向现代化,构建主客共享的美好生活新空间"。核心论点展开的三部分逻辑关系严谨、清楚而有说服力:第一部分,提出本次演讲的核心论断"着眼于地方性,关注现代化"。这是我国全面小康时代旅游目的地建设的导向问题,"脚踏实地,心系远方",以要言不烦的学理性阐释为主。第二部分,

以武隆旅游目的地建设为例,依据中国旅游研究院专项课题组的调查报告,用数据说话,阐释第一部分提出的核心理念,以展望现代化的前瞻性,审视武隆旅游目的地的地方性存在前提。第三部分,在前两部分学理思考与武隆旅游目的地个案分析的基础上,从中国当代旅游目的地发展的规律性层面,为武隆旅游高质量发展出谋献策,针对性提出"构建主客共享的美好生活新空间","守护地方性,面向现代化"的武隆旅游目的地建设的系列建议。

如果再细读这篇精彩的演讲稿,我们会明白,第一部分核心观念的阐释,事实上是分两次表述的:其一,提出当下中国的旅游目的地建设如何导向的论断:"值此大众旅游全面发展、'十四五'旅游规划即将颁布实施的今天,我们在资本、技术、规划和创意的路上高歌猛进的同时,还需要以城景融和、产旅协同、文旅融合、主客共享的理念,把旅游目的地建设导向可持续发展的未来。"[3]全面小康时代的旅游目的地建设,应该同步思考解决"城景融和、产旅协同、文旅融合、主客共享"的可持续发展目标,而不应该是20世纪末开始,延续到21世纪初20年的"国民旅游"时期那样,地方旅游目的地规划和项目开发,一心一意专注于资源做文章,拼命"强调地域特色,找唯一、做第一"。"主客共享"的旅游目的地建设,文化生态保护与原住民的发展同样重要。不仅仅是旅游主体者一方需要的满足。

其二,概括和阐述世界一流旅游目的地建设的理想标准:"国际旅游发展经验一再证明并将继续证明:世界一流的旅游目的地,仅有区域性和独特性是远远不够的,它应当也必须有世界性和现代化,并以高品质的生活方式和文化地标承载人类文明演化的共同价值。"[3]戴斌院长的上文表述,内涵特别精深,学理性很强,不认真琢磨即流于文字表述的表面。已经成为"世界一流的旅游目的地",当然成为其世界性的事实呈现,是这个旅游目的地"世界性"表达的直观说明;因为是"世界一流的",得到各国游客和世界权威机构的认同,由此体现的标准就是满足"高品质的生活方式和文化地标"特征的展示,能够彰显"人类文明的共同价值",即全人类的共同价值。我们应该注意的是,"文化地标"是超越"区域性和独特性"而形成的精神标识,也就是能够同步处理好旅游目的地的三大核心矛盾:保护生态且彰显人文、吸引游客又留住居民、传承历史同时创造未来,从而体现人类文明可持续发展的内在规律。

《论旅游发展的地方性与现代化》的旅游哲学思考,对于巴蜀文化旅游走廊建设规划的启示是多方面的,其中旅游目的地的确认思路,特别富于原创性。

武隆作为重庆的旅游目的地,1994年以来经过本区历届政府20多年的持续努力,已经拥有国内旅游领域的几乎所有的金字招牌,包括而不限于世界自然遗产、国家级旅游度假区、AAAAA级旅游景区和国家全域旅游示范区。但武隆旅游目的地的准确认知,是不能就此等同于武隆旅游品牌的,还需要从头开始,因为相关学理依据不清楚。"武隆属于行政意义上的重庆,简称渝东南,也是属于地理意义上的武陵山区。"论者在解说武隆作为旅游目的地品牌形象的重叠性时如是说。文字表述似乎有些费解,其实不然。作为位于国内网红旅游目的地、现代化大都市重庆渝东南的武隆,与绵延于湘鄂渝黔边大武陵山区的武隆,旅游主体的选择肯定是不同的。中国旅游研究院的专项调查说明,后者才是大多数旅游主体的旅游目的地武隆定位。所以,戴斌院长的主旨演讲最后是这样表述的:"重庆还是连续多年蝉联全国游客满意度首位的城市,无论是本地资源、公共服务,还是商业环境和市民友好度,都给到访者留下了良好的印象。从这个意义上说,我看武隆不必急着宣传'中国的武隆''世界的武隆',我看'重庆的武隆'就挺好。"[3] 所谓"重庆的武隆",戴院长特指大武陵山区重庆渝东南的武隆,即作为重庆山地旅游目的地的高地标识,必须下气力成功打造,从而脚踏实地彰显其地方性与现代化的融合统一。这是充满睿智的,世界性旅游目的地的行动指南。

联系巴蜀文化旅游走廊旅游目的地建设规划,依据现有的资料,发现存在的最大不足,就是巴蜀文化旅游走廊空间确认的似是而非。例如,《巴蜀文化旅游走廊建设2020年重点工作》规划之4,"打造精品线路,以嘉陵江生态文化旅游区、华蓥山生态旅游度假区、巴文化旅游艺术长廊建设等为重点,规划巴蜀文化旅游走廊精品线路"。这是政府部门文件涉及巴蜀文化旅游走廊作为旅游目的地的最明白的文字表述了,但我们看来显然是没有确认到位的。没有历史上的巴蜀,就没有巴蜀文化之说,巴蜀文化旅游走廊旅游目的地就是一种纯粹的想象,这是不言而喻的。中国历史地图资料显示,明清两个朝代,以成都府和重庆府双核心的巴蜀文化圈已经成型,但巴蜀文化旅游走廊所在空间如何确认呢?除嘉陵江、华蓥山为巴蜀文化旅游走廊的确认线索之外,虚拟的巴文化线索其实还是可以深入讨论的。再结合人类学/民族学家李绍明先生的"武陵民族区"概念命名,巴蜀文化旅游走廊"武陵"线索的历史存在,应该是没有疑虑的。

笔者的《李绍明"武陵民族区"概念内涵的理解问题》一文,就专题讨论过这个影响巴蜀文化走廊成型的"武陵"线索的存在。从自觉的民族学视域审视,在"辨析有关'武陵山''武陵山区''武陵蛮''武陵郡'"之"武陵"含义之后,李绍明先生下这样的判断:"武陵应先有郡名,然后有山名。现今上述地区的少数民族为土家族、苗族、侗族、布依族,等等。当然汉族仍然是此区人口众多的民族。"武陵山实因武陵蛮土著得名,说明李绍明先生觉得这个地名文化的人文文脉有些古老,不容漠视,因为国家社会经济发展的需要而置郡,逻辑关系是世居族群在前,行政区划在后。有意思的是,2009年《简论古代武陵的地理范围》一文的有关考证,说明了这一点:"武陵地区的范围,一般认为在湘鄂渝黔边的武陵山区,而实际上长江以北的巫山山脉、汉中地区也在武陵地区的范围内。这一地区不仅历史地名有渊源关系,而且在空间上具有整体性,更重要的是,这一地区文化具有同一性,同属巫文化圈子。""武陵地区应包括大巫山山脉和武陵山脉及其周边的地区。"[2] 简言之,巴蜀文化旅游走廊的线索,除嘉陵江主干道、华蓥山山脉之外,还有盘桓于武陵山区的"武陵民族走廊"(费孝通命名)提供的重要线索。历史上的巴蜀盐茶古道、巴蜀商贸古道,20世纪30年代的红军长征线路等,都应该是巴蜀文化旅游走廊的空间要素构成。限于篇幅,本文不能一一阐释了。

三、文化线路、巴蜀文化线路与长征文化线路及其关联性探讨

我们知道,"巴蜀文化旅游走廊的精品线路"术语,早已成为政府规划文本的常用词,这里没必要再举例说明了。其所对应的减缩词"巴蜀文化旅游线路""巴蜀文化线路"存在的合法性也相应成立。但如果真心实意着眼于世界知名旅游目的地打造,就必须得到强有力的学理支撑,确认线路空间,而不是简单地进行逻辑推断。这样,关于文化线路理论的文献,就是我们当下巴蜀文化旅游走廊建设最应该重视的理论资源了。笔者的专业阅读印象,戴斌院长的主旨演讲,正是深受《文化线路宪章》(2008)智慧影响的应用性成果。当然这个话题应留待以后的机会再展开细说。文化旅游的本体所属在于文化遗产,"文化线路的文化遗产",却是欧美经验实存基础上的崭新的观念性存在,巴蜀文化旅游走廊的民族文化资源,就是巴蜀文化线路历史遗存的文化遗产资源。

(一)关于"文化线路"理论研究的一些重要共识

联合国教科文组织通过、颁布的《文化线路宪章》(2008)传递的"马德里共识"核心要义有三:(1)作为贴切的理解文化遗产的途径,"文化线路"提供了一种新概念,以揭示文化遗产非物质的、富有生机的动态维度,从而在很大程度上超越了文化遗产的物质内容。(2)不能认为文化线路产生于或将其界定为诸如纪念物、历史城镇、文化景观等文化要素;相反,"文化线路"是动态生成、富于生机的,它的动态性和历史文脉已经生成,或仍在继续生成相关的文化要素。(3)不宜认为"文化线路"是"线性的"或"非线性的"文化景观。即使当一些文化景观位于某条文化线路上时,它们之间或许完全不同,或许在地理上彼此隔绝,相距甚远。[4]

"文化线路"作为文化遗产新的视界、理念、策略和方法的意义和价值非同寻常。总的看来,"提供了一种新的可能","以人类重大历史、文化事件为脉络,构筑起一个新的、完整的,包括国家性、地区性和世界性的文化遗产保护网络。在这样一个网络中,不仅那些具有突出的世界性价值的遗产项目,能够在这样一个框架下得到表述和保护,而且那些尽管在突出的世界性价值方面并不典型,但能够反映文化多样性,对历史和文明有一定见证作用的遗产项目,作为文化线路的一个组成部分,作为对完整性的体现,在这样一个新的体系中,也能够得到表述和保护"[5]。

文化线路倡导以线路为纽带,对遗产进行整体性保护,有效扩大了遗产的保护范围,也推动遗产价值得到全面提升,并为各地保护文化遗产搭建平台。文化线路强调线路的整体性保护,如果线路局部物质形态没有得到很好的保护,它的物质形态的残缺部分、真实性存在和价值,依然可以通过非物质的层面追溯、修复,甚至复原、再建。[6]因此,文化线路三个子系统自然要素、物质要素之外的非物质要素功能非凡——"文化的重大交流,不仅通过对物质的、有形的东西来体现,还可以通过精神和传统来体现,它们见证了特定线路的民众交流和对话。非物质遗产是理解文化线路遗产价值的基础,物质要素必须要与其他非物质特征联系起来",才可能去认知其价值所在。面对文化线路这种新的遗产类型,其核心原则非常清楚,"'文化线路'的保护不应是孤立地保存每一项遗存,而应重视它

们之间的关系,把它们放在文化体系、历史链条中去认识它们的价值,找到保护的相应措施,提出保护、利用、展示的方案",创造出新的"综合规划方法"。[7]

(二)关于长征文化线路理论研究的一些重要共识

"巴蜀文化线路"是一个涉及巴蜀文化旅游走廊建设的全新概念,本文因论题所限不可能全面展开阐释,但长征文化线路的研究思路与成果是可以创新性借鉴的。

专家认为,长征历史遗存具有三方面"显著的文化线路特征":第一,"以红军长征这一历史事件为核心,以行军路线为基础,以长征精神为引领,具有鲜明的主题和不可分割的整体性";第二,长征遗存"内容极为丰富,既包括各类长征文物,也囊括反映沿线自然、人文环境背景的历史环境要素,以及非物质文化遗产";第三,"虽然长征持续时间只有两年,但经过80多年来人们持续的回忆和纪念,以及对长征精神的继承和弘扬,早已成为中国人集体记忆的重要组成部分"。这样可以给长征文化线路下一个内涵明确的定义:"长征文化线路是一种'革命军事题材'的特殊文化线路,是新中国重要的国家记忆,是国家形象、民族精神的象征,是能够向世界讲述的中国故事。"[8]

长征文化线路专家杜凡丁接受《人民日报》记者访谈时,详细解释过长征文化线路的特殊性:如果完全去"套用"《文化线路宪章》(2008)文本有关文化线路的定义,事实上"与现有长征红色遗产并不完全契合"。但如果反省《文化线路宪章》(2008)最后版本的形成过程,我们"应该注意到,在具体实践中,许多国家和地区又根据不同需求和实际情况,推出了符合自身特点的文化线路,或类似的文化项目(的实例)",诸如,欧洲文化线路中的"拿破仑远征之路",甚至文学作品虚构的"唐吉诃德之路"之类。"长征线路上的历史遗存及历史环境所形成的线性遗产体系,具有鲜明的历史文化主题和强烈的精神象征意义,具有整体性的突出意义,与沿途众多人文和自然资源有很强的关联性",所以,同样依据《文化线路宪章》(2008)规则,长征线路完全可以被视为一条"具有中国特色的革命历史线路类型的、广义上的文化线路"。而长征文化线路定义的内涵表述可以更广泛,更符合《文化线路宪章》(2008)的精神:"长征文化线路,是围绕中国共产党领导的红军长征这一中国近代重大历史事件,以红军行军路线为基础,并经过其后80多年来持续的回忆和纪念,以及对长征精神的继承、弘扬和升华,从而形成的文化线路。它记录了长征的历史进程和在此期间革命思想、文化在沿途的传播,是长征精神最主要的载体,是新中国国家记忆的重要组成部分。"[9]

现在的问题是:我们知道"巴蜀文化"是"巴蜀文化旅游走廊"之魂,如果借鉴长征文化线路内涵界定的思路,可能首先要明辨的是形成巴蜀文化的重大历史事件是什么——蜀文化源头的三星堆考古文化发现?巴文化源头的涪陵小田溪巴国贵族墓葬?明清时期的湖广填四川大移民运动?其次,形成巴蜀文化旅游走廊的"本底"文化线路在哪里?成渝双城之间的商贸通道?长江—嘉陵江水道?盐茶古道?成渝铁路线路?或者其他?《长征国家文化公园(重庆段)建设规划》的空间设计,由綦江主体建设区、酉阳主体建设区和城口主体建设区建构而成,即充分考虑了长征文化线路的历史存在与当代延续。对于《巴蜀文化旅游走廊建设规划》，建议尽快补上巴蜀文化旅游走廊线路研究的短板。

综上所述，近年《巴蜀文化旅游走廊建设规划》的相继出台，让我们留意"巴蜀文化旅游走廊"相关世界性旅游目的地文献、资讯的阅读与疑问，通过细读中国旅游研究院院长戴斌出席"2021中国武陵文旅峰会"发表的《论旅游发展的地方性与现代化》主旨演讲文本，倍感巴蜀文化旅游走廊世界性旅游目的地基础理论研究的严重不足，学术界可能更应关注包括"走廊"在内的"巴蜀文化线路"的历史遗存及其当代延续。因此，学术概念的"巴蜀文化旅游走廊"，在市场要素之外，应认真研究人类学/民族学家李绍明先生对"武陵民族区"概念命名的内涵阐释及其应用价值。

参考文献：

[1]刘旗.协同打造高品质巴蜀文化旅游走廊 全力推动成渝地区双城经济圈建设[J].重庆行政,2020(6).

[2]赵心宪.武陵民族区生态考察——重庆渝东南文化生态个案[M].重庆:重庆出版社,2017.

[3]戴斌.论旅游发展的地方性与现代化[EB/OL].(2021-05-27)[2021-11-01].http://www.ctaweb.org.cn/cta/ztyj/202105/00eca12fc640458d976b213556677fd4.shtml.

[4]姚雅欣,李小青."文化线路"的多维度内涵[J].文物世界,2006(1).

[5]吕舟.文化线路构建遗产保护网络[J].中国文物科学研究,2006(1).

[6]李林."文化线路"对我国文化遗产保护的启示[J].江西社会科学,2008(4).

[7]王景慧.文化线路的保护规划方法[J].中国名城,2009(7).

[8]长征——一条特殊的文化线路[EB/OL].(2018-08-01)[2021-10-16].https://www.sohu.com/a/244507579_170361.

[9]李贞,刘阳,高佳.长征可以成为一条文化线路吗?[N].人民日报(海外版),2019-07-01.

朱德群的油画研究考察与分析：中西融合及其启示

夏浩然

（南京大学艺术学院）

【摘要】自20世纪80年代以来，国内对于朱德群油画艺术的研究可分为三个阶段：第一阶段，国内学者对朱德群的油画艺术进行了一系列的引介工作；第二阶段，随着积累的不断丰富，这一阶段国内学者对朱德群艺术的风格、地位、贡献，对中国当代艺术的启示等问题有了深入的认识；第三阶段，是朱德群展览和风格的重述，每个阶段中国学者对朱德群研究不同阶段的侧重点均有所不同。对朱德群抽象艺术研究的系统梳理，有助于理解新时代背景下"中西融合"对中国艺术发展的意义。

【关键词】朱德群；中西融合；抽象表现主义东方化；中国当代艺术

中国艺术家进入巴黎艺术圈的时间比较晚。早期留学生多是巴黎艺坛的匆匆过客，潘玉良、常玉等人虽定居巴黎，但在法国的影响不能与同时期的日本画家藤田嗣治相提并论，真正对20世纪西方绘画的发展有所贡献的是赵无极与朱德群[1]。

1920年10月24日，朱德群出生于江苏省萧县白土镇（现属安徽省）。祖父朱汉山及父亲朱禹成皆是医生。其父对书画有偏爱，自己也画画、习书法，而且颇有收藏。母亲王氏为典型的贤惠主妇。朱德群三兄弟中，他排行老三，自幼耳濡目染，对书画别有喜好，在其父亲指导之下，临摹了不少碑帖。

1935年暑假，朱德群考入国立杭州艺术专科学校（以下简称"国立杭州艺专"），当时林风眠任校长。在集中军训时结识了当时就读于浙江大学的吴冠中，在国立杭州艺专就读期间，朱德群在吴大羽、方干民、潘天寿等名师的指导下学习。抗战期间随学校内迁，1944年任教于中央大学工学院建筑系。1949年离开南京，经上海乘船去台湾，先后任教于台北工专建筑系和教师范学院（今台湾师范大学前身）艺术系。1955年3月29日，离台赴法国深造。

1999年2月，法兰西艺术院的圆拱大厅内举行了授勋典礼，典礼主席M. J. Cardot院士致辞，赞颂朱德群院士一生的绘画创作"丰富了欧洲文化的内容"。[1]朱德群为200年来首位当选为法兰西艺术院院士的东方艺术家，确实是中西艺术交流史上具有历史意义的事件。[1]

本文以关于朱德群的研究论文的主题为纵轴，以时间发展为横轴，发现国内对于朱德群油画艺术的研究大致可以分为三个阶段,第一个阶段是20世纪80年代至2008年,这一阶段国内发表的关于朱德群研究的论文在数量上呈现出稳步上升的趋势,国内学者对于朱德群开始逐渐产生兴趣,进行了一些引介性的工作,但是尚处于积累阶段。第二阶段是2009—2014年,这一阶段以侯德在《美术大观》2009年第4期发表的《大象无形——朱德群的抽象艺术世界》为起点,国内学者开始了对朱德群绘画的持续热议,并分别在2010年和2014年达到两次高潮,这一时期国内学界对朱德群的艺术风格、地位、贡献及其对中国当代艺术的启示有了更进一步的认识,也出现了与同类画家的比较研究和作品收藏研究;2014年朱德群辞世,使得国内学术界和艺术界对这位艺术大师的关注度达到历史新高。第三阶段是自2015年至今,这一阶段国内学界对朱德群研究的热度开始减弱:从2015年起,国内学者对于朱德群的研究兴趣开始回落,研究数量基本呈现出下降的趋势。

一、中西融合的抽象绘画:朱德群艺术风格的提出

在载于《文艺研究》2000年第5期的《我的绘画历程》一文中,朱德群自述了绘画学习历程以及画风转变过程中的思考。朱德群于1955年从中国台湾师大休假一年,并于5月踏上前往法国进修艺术的路程,在留法期间,他参加法国沙龙并不断思考自己的艺术之路。1956年起,朱德群决定将画风从具象有形改变为抽象无形的绘画。特别是有两场展览对他的绘画创作理念有重大影响:一个是1956年5月在巴黎市立现代美术馆举办的纪念尼古拉·斯塔尔(Nicolas de Staël)去世一年后的回顾展;另一个是1969年在荷兰阿姆斯特丹举办的纪念伦勃朗逝世三百年回顾大展。斯塔尔对朱德群绘画的启示在于自由的态度,"自由奔放"指的是画面活泼自由恰到好处,而不失内涵。有些画家画得十分自由,而毛病百出,内容空虚,那是粗野,不是自由。[2]朱德群说他直觉地感受到有诗意而具绘画性的抽象画接近中国绘画精神,接近中国文人画,与唐宋以来即有的"诗中有画,画中有诗"的旨趣相通。伦勃朗逝世三百年回顾展对朱德群的影响让他坚定地走上了对作品负责、注重绘画品质与效果、追求深刻的道路。朱德群回顾道,纪念伦勃朗逝世三百年回顾展展览期间,该博物馆还同时展出现代名画家的作品,与伦勃朗画作展览广受欢迎形成对比的是现代画家的展览无人问津,朱德群思考这种反差得出的结论是:现代绘画大多画面效果品质低下,内涵贫乏。从此,决定将"自由奔放与品质内涵兼顾"作为绘画创作的原则,将诚恳努力工作作为不变的态度。

吴冠中是朱德群的同窗兼好友,与朱德群、赵无极一同被称为"法兰西三剑客"。其发表在《文艺研究》2000年第5期的文章《雨雪霏霏总相忆——我与朱德群的故事》记述了他与朱德群的交往。文章铭记了世事沧桑,也凸显了中国艺术的飞跃,一个华人画家在法国立足,以至取得法兰西学院院士的意义和不易,"能养活四口之家的职业画家在巴黎是何其不易,更何况是一个来自东方的画家,须在民族被歧视的背景中突现艺术的才华"[3],"1997年德群终于正式当选为法兰西学院院士,这是中法文化交流史上一个闪光的亮点"[3]。

在《文艺评论》2000年第5期上发表的还有水中天的《朱德群和他的画》。水中天较为详细客观地评述了朱德群的艺术生涯和艺术风格。他认为"从写实到抽象,朱德群经历了渐进的发展过程"。[1]1956年俄裔画家斯塔尔的回顾展促使了他绘画形式上的转变,1969年荷兰艺术大师伦勃朗纪念展则让朱德群产生了艺术精神和艺术气质层面上的思考。这些思考最终给了朱德群的抒情性以宽厚的精神内涵。水中天认为朱德群的作品是中国趣味与欧洲绘画形式结合的产物:(1)朱德群重视的是画笔运动的多种方式以及这种运动过程的痕迹。而这恰好是中国书法、绘画的基本艺术手段。[1]朱德群对抽象表现主义绘画的贡献,在于加入了既优雅、舒畅又迅捷、洒脱的笔致,这是一种看似漫不经意,实际上是经由反复磨炼获取的自由。[1]朱德群早年(以及后期)对书法有浓厚的兴趣,他的绘画与他的草书之间有一脉相承的关系。(2)朱德群的抽象绘画是有"中心"和"边缘"、有"光源"和"阴影"的绘画,使人联想起"宾主""进退""应对"这些理念。[1]中国文化习惯于放任的局部表现和有序的整体关系。(3)朱德群的画表现的不是纯粹的抽象结构,而是大自然的心灵感动。这是一种表现了大自然生命流动的广义的"风景"画。虽然在许多中国画家眼里,朱德群的绘画属于西方体系,但他以另一种方式为中国绘画传统增添了活力,阐释了中华民族的审美境界,为中国绘画发展提供了又一种可能性。[1]

除此之外,这一时期评论介绍类文章还有不少。赵思有将朱德群的油画风景与赵无极、吴冠中、苏天赐的油画风景进行对比,认为他们都不同程度地受到包括山水画在内的中国传统文化艺术的影响。[4]孙志宜在《从朱德群的绘画看中国传统精神和文化语境的当代意义》一文中更加深入分析了朱德群的绘画中中国传统精神的来源:其一,朱德群的绘画"传情于自然,心领而神会",他"从不作户外写生","而是置身于其中,被它的光和气氛环绕,亲身体验自然现象"[5]中国传统精神来自中国的认识论,中国的认识论建立在自然、人生独特的情感观照和内省式的体验基础之上[5]。其二,来自中国画的意境。中国画的最高境地是重意重理。[5]范宽的"吾与其师于人者未若师诸物也,吾与其师于物者未若师诸心也",张璪的"外师造化,中得心源",石涛的"夫画者,从于心者也"等观点与康定斯基的"绘画中的精神性"、保罗·克利的"艺术并非再现可见事物而是变可见为不可见"等观点有相通之处,朱德群正是看到了这种相通之处,于是采用抽象绘画的形式表达中国绘画重意不重形的观念,画的内涵即心灵和精神的表达。其三,来自中国古诗词,朱德群一直非常钟情并嗜读古诗词,绘画常常富有诗的意境。其四是中国书法,朱德群借鉴书法的节律、变化、气势,赋予绘画以千变万化、精妙雅致的书法品格。总之,朱德群的绘画中含有中国传统精神,且证实了中国传统精神的当代意义。

还有一类为集成总结类文章。2008年南京师范大学硕士研究生龚安的硕士学位论文对朱德群的生平经历、绘画风格的演变按照时期做了一定程度的总结。该论文将"被法国现代绘画史家称为'把东方艺术的细腻与西方绘画的浓烈融汇得最成功的画家'"[6]——朱德群作为研究对象,从朱德群生平简介入手,分别从早期、探索期、成熟期论述了朱德群的艺术风格及形成原因。提出了朱德群深受法国艺术家塞尚和马蒂斯的影响,其作品中可以看到他对色彩和线条有着特殊的敏感,以及通过抒情、和谐、诗意对意境的探索与追求。20世纪70年代中期,朱德群的绘画创作进入了成熟期。

他从东方抽象哲思中,将《易经》的"一阴一阳、相生相克"的"阴阳观",老庄道家的"虚静""自然""无为"观,禅宗的"空无"思想融入于他的画面之中,形成了对比强烈、虚实空灵、意境幽远的独特艺术风格。朱德群还一直钟情于中国的唐诗宋词,他把含蓄抽象、文化韵味浓厚的诗词中所追求的"象外之象""景外之景"的意境融入他的作品中。[7]同时,他还借鉴了书法的节奏、变化与气势,将书法的艺术精神运用到抽象创作中,在色彩与线条之间造成一种有笔有墨的书法韵味,[7]赋予了作品精妙雅致的书法品格,提升了作品的境界,丰富了文化内涵。龚安再次肯定了朱德群的艺术地位,指出朱德群为中西绘画融合探索出了一条新路,[7]他(朱德群)的作品充满着他对东方精神的理解,以及对中国文化中诗、书、画一体的理解,呈现出中国艺术精神,从精神高度上把握了东西文化的相通之处,"迎合"了西方对东方的遐想,也将抽象绘画东方化,使作品成为东西方人们眼中成功的视觉经验。朱德群试图以艺术方式解决东方与西方、传统与现代的矛盾,在参与和促进社会文化发展的同时,又不丧失自己的民族文化身份,[7]取得了上一辈中国留法艺术家没有取得的成就。

二、东方化的抽象表现主义:对朱德群艺术风格认识的深入

经过上一阶段研究的积累,这一时期的研究明显更加细致,关键词由宽泛的概念聚焦到具体的特点,国内学者们对朱德群绘画的风格特点也达成了一致性的认识。2009—2014年间,国内学者们对朱德群的研究大致可分为四种类型:一是专题人物访谈,二是绘画风格研究,三是对比研究,四是作品收藏研究。

(一)专题人物访谈:阴和阳

2010年,金妹等一行三人于巴黎东南郊的维特里,华裔著名画家、法兰西学院院士朱德群的寓所里对朱德群进行了一次深入的访谈。访谈中朱德群透露其艺术思想来源于中国文人画,来源于中国古诗词的境界。"我最喜欢看中国的诗词,特别是全唐诗和全宋词。中国的诗词和绘画是分不开的。中国诗含蓄抽象,有文化韵味,其所营造的意境,正是我在画中要传达的意境。"[8]"我认为唐宋思想接近欧洲印象派和后期印象派,描绘的已经不是眼睛之所见,而是将眼睛之所见,通过心灵的感受,最后表达出来。所以我是越画越抽象,我的画越趋于无形,也就越接近我们自己的中国文化,也能更深地理解中国文化的深厚底蕴。"[8]

朱德群是以中西融合闻名于世的艺术家,他认为自己走上这条道路的原因在于国内接受的艺术基础教育和亲临国外画家展览时产生的触动。据朱先生回忆,他在国立杭州艺专受到的是法国印象派和后印象派的教育,因此在法国学习的时候没有遇到专业衔接上的困难。在台湾时期的八仙山写生又使他初次领悟抽象艺术的美,并得出"中国画的美是书写自然之内在精神"的体会。在巴黎时期,纪念斯塔尔去世一年回顾展让他一直思索的艺术问题终于得到解答,"绘画的本质就是自由的表达",从此他完全转向了抽象绘画的道路。在此次访谈中,朱先生也吐露了他对中西融合和中国当代

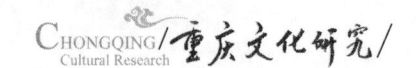

艺术的思考,他认为真正的东西艺术融合是融合东西思想,"中国当代艺术家应更深一些挖掘中国文化的精神内涵……仅仅是借用西方的当代艺术语言谈中国话题,表面上是一种捷径,实际上很难最终进入世界艺术的主流"[8]。2014年3月26日,朱德群在法国巴黎与世长辞,享年94岁。为了纪念这位中西融合的抽象绘画大师、法兰西学院首位华裔院士,国内学界对朱德群的研究达到了一个高潮。当时的中国艺术研究院艺术理论博士后、东北师范大学美术学院副教授李新在《赋抽象以诗意——朱德群抽象派油画印象》一文中对朱德群的从艺生涯进行了总结。

很多访谈和人物研究都从朱德群的艺术贡献、从艺经历、艺术思想的角度做出了精练的总结,其中"阴阳"和"光"这两个词语是多次出现的,朱先生自己总结道:"阴阳指的是暗和亮,实际上就是光,我所要表现的是光。"[9]"一个汉家之子的我,在此意识到有一个特殊的使命要传达:《易经》中之哲理的再现;两个最基本的元素,相辅相成的两个生生不息的蜕变之呈现。'阳'是热烈、光线的象征,'阴'是阴暗、湿润的象征。我想要融汇西方绘画中的传统的色彩和抽象画派中的自由形态来表现此二元素之配合而成为无穷尽的宇宙现象。"[8]法国艺术史家、艺评家皮耶·卡班指出,朱德群呈现了光线的各种可能,让观者随着画面的光线变化,潜入人的记忆中;他的作品是一个开放空间、一个让所有可能的元素都在此撞击与产生联想的空间,空气、风、光、雾……而这个空间是一个神奇国度,其存在唯有在绘画中成立。[8]

(二)绘画风格研究:成功范例

这一时期对于朱德群绘画风格研究的学位论文达到了可观的数量,可见研究程度逐渐深入,在美术学科之内对一位画家的绘画风格的研究作为重点符合美术学科的发展规律。这些研究将朱德群的抽象艺术作为成功范例,并以此探寻中国当代艺术如何在西方主流意识形态中取得应有的地位。这些研究的主题包括:朱德群的抽象艺术作为"中西融合"成功范例的特点;朱德群在抽象艺术上取得的成功对"油画本土化"的启示;朱德群的抽象艺术作为成功范例对中国当代艺术和艺术家的启示。

"中西融合"是中国近代美术史上一个重要命题。自洋务运动始,近代中国从"器物""制度"到"观念"一步步向西方学习,由于早期思想文化的改良学说迅速影响美术界,20世纪社会对美术人才,尤其是对懂西画的人才有迫切需要。随着"五四"时期留学海外的大批青年美术家归国投身于中国美术教育,从20世纪20年代后期开始,中国现代美术进入了一个朝气蓬勃的新时代,画家汪亚尘在20世纪20年代初提出"中国人的洋画",鲁迅后来又提出了"民族性"概念。[10]蔡元培是"中西融合"思想的积极倡导者。30年代又有倪贻德和关良等人提出"民族精神"与"中国的气势"等概念,直到40年代在"民族形式"的大讨论中确立"西画中国化"的概念。[10]

陶宏在其硕士论文《诗意的交响:朱德群抽象艺术中的东方精神》中总结了朱德群从艺术观和画家修养两个方面对"中西融合"的探讨。朱德群认为所谓"中西融合","真正的融合是融合东西方的思想,在作品中自然无形地流露,否则只能是拼凑",西方抽象画家与中国文人画家的观念有相通之处,比如:抽象绘画不受形象的约束,中国绘画重意不重形。又如:范宽说,"吾与其师于人者未若师诸物也,吾与其师于物者未若师诸心也";康定斯基说,"抽象绘画远非脱离大自然,它比以往的任何艺术都更密切地联系着大自然";波德莱尔评论德拉克洛瓦的绘画"具有诗意";宋代士人画家苏轼品评王维——"味摩诘之诗,诗中有画;观摩诘之画,画中有诗";宋画家又说,"画草虫,物我两忘""不知我之为草虫耶!草虫之为我耶!";保罗·克利说:"我已经不再追求色彩,因为我明白,色彩会永远捕捉到我……色彩与我融为一体了。我是一位画家了!"[2]在将西方抽象绘画大师的思想与中国古代画论、西方评论家与中国文人的艺术言论对比时,可发现其中存在相通之处。从根本上说,朱德群对于中西融合的深刻领会在很大程度上得益于对传统文化的喜爱和理解。从启蒙教育到学院教育,朱德群的学习都贯穿了对中国传统文化的浸润,因此,在他的西画创作中,也始终带有强烈的传统文化影响。陶宏认为朱德群抽象绘画中的东方精神主要表现在:禅与山水精神、和谐诗意的审美观、天人合一的哲学思想。朱德群的抽象艺术处于中西美术之间,在他的艺术中体现出中国传统的禅宗思想与和谐诗意的审美观,这是东方精神的反映。对于两者的融合使他的抽象油画始终充满了东方式的独特韵味。对他的研究,有利于中国当代油画艺术在中西艺术上的整合,也为当代中国油画家的创作提供了有益的借鉴作用。[10]

王子靖在硕士论文《抽象表现主义的东方化——朱德群艺术研究》中,从朱德群抽象表现主义绘画的东方化、朱德群对材料的创新及运用、朱德群抽象绘画中的东方传统哲学和美学三个方面入手,对朱德群的绘画艺术进行了研究,说明了中西合璧的形式能更好地把东方精神传达给世界。抽象表现主义是由艺术评论家罗伯特·科茨在1946年提出的[11],是欧洲传统的抽象主义转变而来的一种艺术形式,"一般被认为是不以描绘具象的事物为目标,通过点、线、面、色彩、形体、构图等来传达各种情绪,激发人们的想象,启迪人们的思维"[12]。抽象表现主义艺术家不需要参照大自然,只需要表达内心想法。"在西方非理性主义美学中,曾注意到美的象外之意,由此产生的诸如自律、想象力、诗意、直觉、内在的感官等一系列概念以及有关争论……而中国美学中,有关审美感性的理论,正提供解决的钥匙。"[13]抽象表现主义画家的绘画语言总是相通的,只是朱德群更倾向于抒情与内涵的表达,其作品更具东方化的色彩。将朱德群的艺术风格界定为"抽象表现主义的东方化"是这一阶段的学者在前人基础上的推进,将概念化的抽象艺术界定为"抽象表现主义的东方化",说明国内学者对"朱德群绘画风格的界定"有了更深刻的认识和更清晰的答案。

朱德群将东方传统文化的思想观念、中国传统绘画的形式语言与西方抽象绘画的优长结合起来,形成了具有中国艺术精神和内涵的抽象风格。[14]在时代大浪潮的趋势下,中西融合是一种趋势,朱德群的艺术成就证明了在抽象绘画中融入东方元素是可取的,这对于中国当代绘画面向世界,建立起自身的话语权有巨大的昭示意义。对朱德群绘画风格研究的共通逻辑是:中西融合是中国当代艺术取得世界性成就的成功范式,且朱德群模式是中西融合的成功模式,因此朱德群的抽象绘画对中国当代艺术有巨大的借鉴意义。在此基础上,后来的研究者对朱德群模式的形成过程进行了更加

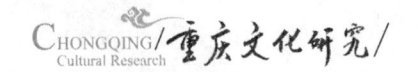

细致的研究。

朱德群的艺术成就是中国美术近代化过程中,东西方美术实践与思想碰撞下结出的硕果。郝冰洁在《画布上的奏鸣曲——论朱德群的抽象绘画》一文中,从朱德群的绘画由具象到抽象的转变过程入手,探讨了其抽象绘画风格形成的原因,解读朱德群的艺术语言及其成因,分析与研究了其艺术思想,对当下艺术创作与观念有重要的启迪。[15]朱德群是新式西方体制下养成的第二代画家[14],他的抽象绘画特别强调自我情感涌现的创作理念,体现出深沉的精神境界[14],在形式上不受限于西方绘画和中国水墨画。在形体上,朱德群的抽象绘画表现出多元形态的交织,他的绘画中看不到具体的物体物象,而是由色彩斑斓的色块、极大极小的光斑、或挥洒或拖动的线条来表现其创作主体;在色彩上,朱德群综合运用中西方色彩,在他的抽象绘画里有西画的色彩观念和中国水墨颜料的融合,使他的作品色彩浓郁秀逸、意境悠远;在线条上,朱德群将线条与色彩优美地组织在画面中,使得画面抒情而稳重,充满韵律乐感;在画面结构上,朱德群使用了一种多元性视觉空间,这些元素往往是用很浓的颜料画上去的小方块形体,他将这些小方块有序地分布在画面上,在那里产生了光线之转折、蜕变的光源,而使光线从其中发射出来,同时构成了画面的空间和结体。[15]

邹丽在《试论朱德群绘画作品的艺术特征》一文中,从朱德群的生平入手,从中西融合和对形式美的追求两方面概述朱德群艺术观念的形成并探讨这种观念的成因。邹丽将朱德群艺术观念的成因总结为以下三个方面:中国传统文化的影响、西方现代艺术家的影响、西方现代文化的影响。邹丽认为,朱德群在"不忘中国传统文化精神的同时,选择性地汲取西方抽象艺术的精髓,创造出了自己独特的绘画语言和艺术世界,其作品既有外在的形式美,又不乏内在的意境美和哲思"[16],朱德群成功的艺术实践提醒中国当代艺术家重视博大精深的中国传统文化。"当代艺术只有反映出自身的当代性才名副其实"[17],"当代性"是一个时间概念,它必须与现实社会的各种现象产生语境关系[16]。中国当代艺术提出的问题必须是中国自己的文化问题或社会问题,必须有自己的文化逻辑和文化基础[16]。

刘峰博士在他的博士论文《象外之象——朱德群抽象艺术研究》中对前人关于朱德群的研究成果做了深入的提炼和总结,从美术形态学和美学角度分析并总结了朱德群绘画的风格特征,研究了朱德群对"中西融合"现代主义方向的发展、对西方抽象主义绘画的突破,以及为中国传统艺术的复兴与传播做出的贡献。朱德群对绘画艺术的中西结合问题表达过以下观点:"真正的融合是融合东西方的思想,在作品中自然无形地流露,否则只能是拼凑。"评论家高天民用内在的"眼睛"和内在的"智慧"评价朱德群:朱德群以西方的"眼睛"作为形式,以中国的"智慧"作为内涵,在融合主义的大潮中,找到了属于自己巧妙而独特的切入点……成为中国艺术新的希望和可能,给中国当代美术提供了非常重要的借鉴作用。朱德群没有局限于西方抽象的概念化倾向和对自然的脱离,而走向了自己独特的"东方意境"。刘峰认为,朱德群反对现代艺术过度观念化,始终把作品本身放在首位,体现了中国禅宗"不立文字,直指人心"的理念。朱德群还认为抽象画不一定要完全否认物质的自然形象,受到中国传统山水画可游可居的艺术欣赏功能的影响,他坚持在自然中寻找灵感。朱德群作品中的"东方意象"正是对"西方抽象"的突破。潘幡认为朱德群的美术成就意味着中国美术在近代化过程中的丰硕成果,意味着中国美术试图与世界接轨的具体结晶。[18]朱德群的艺术实践不仅继承和发展了中国传统艺术的精华,还身体力行地把这种文化做了推广,让更多的观众通过他的作品了解了中国传统文化的辉煌灿烂,为中国传统文化的世界传播做出了杰出的贡献。[18]朱德群等战后抒情一系画家的抽象画,由于受到传统绘画因素的影响,吸收了写意画法破笔泼墨的理论,三十多年来经过几代人的努力,已经形成了在笔墨、神韵、意趣各方面都很独特的"中国画派"。[18]

(三)对比研究:旅法中国画家

朱德群、赵无极、吴冠中三人被称为"法兰西三剑客",三人都是享誉国际画坛、有一定影响力的华人画家。学者在理清他们的异同时,经常两两比较或将三者并置。王承昊在《传统之根——试论赵无极、朱德群、吴冠中的中国艺术精神》中指出三人相近的艺术启蒙都源自民族传统文化的"根",得益于在国立杭州艺专时受到的熏陶。赵无极、朱德群、吴冠中都是林风眠衣钵的传承人,林风眠是西方现代艺术的率先传播者,在创建国立杭州艺专时明确提出了"介绍西洋艺术,整理中国艺术,调和中西艺术,创造时代艺术"。他们都经历了中国传统文化的熏陶,又接受了现代西方文化,在异国他乡面临着共同的文化问题,在中西文化碰撞中,逐渐形成了自己的艺术观。三人都选择了"深扎于中国民族文化之'根',移植西方文化之形式为我所用",(这种思想)直接影响了他们后来的艺术创作。[19]

娄莉认为朱德群和赵无极的从艺之路都摆脱了中西艺术非此即彼的纠结,他们将东西方艺术成功共融,集东西方两种文化于胸,创造出各自最具独特生命的艺术。对他们从艺历程的寻绎,有助于推进中国绘画的发展。[20]

李新昌将朱德群、赵无极在海外获得关注并取得认可的现象放在全球艺术发展的大环境下考虑,从流散角度分析两位旅居海外艺术家的作品。[21]流散的英文是diaspora,又译为离散、飞散、流亡等,最初的词义是指植物借花粉的飞散和种子的传播繁衍生长,在希伯来圣经的希腊文本中特指犹太人的流散处境[22]。在当代文化研究领域中,diaspora常被用来指"后殖民时代"里逾越单一民族文化范畴形成的跨文化现象,并涉及由此引发的美学和文化上的变化。在后殖民语境下,"族裔散居者的身份是一种混合身份,其本质特征是一种异体合成、混合,以及在漫长岁月中逐渐形成的不纯文化形式"[23],身份问题是每个流散画家都无法回避的问题。朱德群和赵无极都远离自己的文化家园,在"中国之外"审视"中国",从而重新发现了中国。流散画家的身份是朱德群研究中隐含的特征,中西融合是此前朱德群研究的主要方向。

在关于朱德群的对比研究中,追求共性的意义大于追求特性的意义。这种对比研究更多关注"和"而非"不同",从二者或三者的对立统一中总结出反映某一群体的规律,朱德群、吴冠中、赵无极三人都是旅法画家,身处不同于自身的文化背景。由于华裔流散画家的不确定身份认同和世界主义特征,对他们及其创作的考察应置于广阔的世界艺术发展语境下,如此,才能恰如其分地评价他们的艺术成就。

(四)作品收藏研究:价值千万

2010年3月4日,朱德群作品回顾展在中国美术馆开幕。据有关网站显示,截至2010年朱德群作品价格最高的作品大部分已高居千万元以上。创作于1990至1991年的作品《雪霏霏》在香港佳士得2009秋季拍卖会的"亚洲当代艺术及中国二十世纪艺术"拍卖中,拍出了40 050 260元人民币。[24]

马学东对新中国成立以来朱德群的主要画展和拍卖会进行了总结。1954年12月17日,朱德群在台北中山纪念堂举办平生第一个大型个人画展;20世纪70年代,朱德群开始在法国举办个人画展;20世纪80年代末,朱德群在我国香港、台湾陆续举办展览;1997年,法国外交部艺术活动司举办朱德群近作展;2000年,在上海博物馆举办朱德群作品回顾展;2003年,朱德群为上海大剧院创作巨幅作品《复兴的气韵》;2009年12月22日,苏州博物馆举办朱德群作品特展。[25]2003年秋拍之后,朱德群作品的价位突破了百万元大关,行情步入增长期。2006年,在香港佳士得春季拍卖会上,其1960年创作的《红雨村;白云舍》以2691.5万元高价成交,作品价位提升到千万元级别。[25]

对作品天价的拍卖情况,朱德群的夫人董景昭女士说,朱德群平常对自己的作品在艺术市场上的情况有所耳闻。但是对于这样动辄上百万元、千万元的高价,还是觉得不太理解,甚至认为这其实已经和自己没太大关系了。[24]

三、展览和风格重述:2015年以来的朱德群研究

这一时段关于朱德群的研究在质量和数量上较上一时段有所下降,从2015年起,国内学者对于朱德群的研究兴趣开始回落,2016年后基本呈现出下降的趋势,反映出的是这一时段内国内学者对于朱德群研究的热情回落。

向国趋从朱德群抽象绘画中的东西方语言运用和中西方艺术融合方面探讨了其抽象绘画中的中西艺术特征,认为朱德群的抽象绘画对中西方艺术的贡献在于:第一,在中西融合的视角下对现代主义绘画进行了探索;第二,将东方意象注入西方抽象绘画中,朱德群的艺术始终坚持在自然中寻找创作灵感,在他的作品中重塑中国传统山水画强调的"卧游";第三,对现代绘画中的传统进行复兴,朱德群在绘画中重新激活了传统元素的价值,把中国传统文化的内在逻辑和核心价值带到了西方的抽象表现主义绘画中。

霍驭宇在中西融合的视角下对朱德群与吴大羽、赵无极的抽象油画在发展历程、创作思想、艺术特征、表现手法、艺术成就及启示等方面进行比较总结,为中国当代绘画提供了借鉴。霍驭宇将朱德群的创作分为三个时期:第一个时期以20世纪60年代为起点,称为铁线时期,这一时期朱德群的作品主要受到斯塔尔的影响,斯塔尔是享誉欧洲的新巴黎画派抽象画家,其抽象画的特点是色彩鲜明、协调并且强烈有力。朱德群在这一时期创作的《街景B》《红肥绿瘦》可以见到斯塔尔的影响。第二个时期以20世纪70年代为起点，称为光线时期，这一时期朱德群的作品受到伦勃朗的影响，朱德群通过伦勃朗找到了自己抽象绘画的新方向，找到了抽象绘画形式与精神实质之间的关系，认识到这种内在的光可以使绘画达到永恒，因此朱德群开始探索光与内在精神世界。[26]第三个时期以20世纪80年代为起点，称为冬雪时期，这一时期的作品尺幅加大，色彩更加丰富，还多了白色系，整个画面充满书法性和诗意，令人仿佛置身其中[26]。霍驭宇很好地总结了朱德群的艺术思想，并将其概括为"阴阳物我天人合一赋诗情"，"阴阳和合"来自《易经》中的哲理，"天人合一"则来自庄子所言的"天地与我并生，而万物与我为一"，朱德群很好地吸取了中国作画的传统和中国优秀的传统哲学思想，创造出情景合一的抽象油画，令人徜徉其中，被其深刻的文化内涵所吸引[26]。朱德群的抽象油画在艺术特征上可以用"璀璨"和"跳跃"两个关键词形容，"璀璨"的意思是光彩夺目，因为光是朱德群抽象绘画的灵魂和显著特点；"跳跃"指的是朱德群绘画中的音乐性。朱德群抽象油画表现手法的特点则是：集书法用笔的点、灵动飞扬的线、向心式构图、青绿色的使用和油色淋漓的肌理为一体。朱德群对抽象表现主义绘画的贡献，在于加入了既优雅、舒畅又迅捷、洒脱的笔致，这是一种看似漫不经意，实际上经由反复磨炼获取的自由。[27]朱德群抽象绘画的艺术成就体现于他将中国的书法艺术和中国的哲学精神融入其抽象绘画的创作中，并通过西方的艺术表现形式将中国的文化精髓展现了出来，形成了不同于西方抽象画家的独具艺术特色的抽象绘画，他的抽象绘画是中西方优秀艺术相结合的产物，他的抽象绘画已远远超越了整个中国当代油画中的"融合主义"取向，让我们看到了中国艺术新的希望和可能。[26]他给我们的启示是，要充实自己的知识，提升各方面的修养，如文学、音乐等，真正体会中国文化精神，只有这样才能慢慢形成自己的风格，才能创造出具有国际影响力的艺术。朱德群的绘画创作实践为中西绘画的交流与融合提供了宝贵经验，对中国油画未来的发展具有积极意义。一个艺术家要有内涵和生命力，要诚恳，要吃得苦，更要耐得住寂寞，坚守自己的追求，并在绘画创作中全身心投入，创造真正有内涵、有意义的艺术作品。

康莹洁的论文《朱德群抽象画的东方意蕴研究》以朱德群抽象绘画中的东方意蕴为切入点，指出朱德群的抽象绘画中具有东方意韵的审美意趣，东方意蕴是指"具有东方文化特点的精神、思想与气质"[28]。康莹洁认为，在朱德群抽象画中的艺术语言中，灵动的点具有中国书法中各类点的形态特征，构图布局吸收了中国传统绘画的精髓，笔触具有中国传统绘画用笔的洒脱多变的特征，肌理具有水墨渲染的效果，光影的表现以《易经》中的"阴阳之说"为指导。朱德群把东方精神融入抽象化，创作出具有东方意韵的抽象画作品，促进了东方文化的传播，丰富了西方抽象绘画的语言，为中西文化艺术的交流与发展提供了典型样本。

杨钰岩在《浅谈朱德群抽象绘画中的光色表现》一文中再次强调了朱德群抽象绘画中光色变换产生的视觉效果，营造了诗意萦绕的意境，追溯道法自然和天人合一的哲思，从而达到了画家的自我表达。[29]王海燕在《论朱德群作品中西融合的意境》一文中从艺术语言、艺术修养和情感的艺术表现几个方面，分析了其作品中的意境；同时指出，朱德群意识到抽象的自由要靠修养来把握，要在无法中求法，使其充实、有内涵，达到高度和谐而至善至美；并再次重申了中西艺术的碰撞和融合在当代是不可避免的，中国的画家应该从中西方优秀的传统中继承和选择适合自己的部分，凸显民族文化精华，以个性化的艺术语言，创造出内涵丰富、意境深远的作品，为繁荣社会主义新时代绘画艺术做出贡献。[30]

朱德群是20世纪中国油画在"中西融合"理念下发展的成功典范。姚明睿认为，朱德群的抽象绘画艺术具有创作主体与东方审美情结的双向建构的倾向，他的作品用西方油画的材料和技法来展现东方的艺术精神，使得抽象绘画呈现出极富有诗意韵味的东方审美意境。[31]

四、结语

进入21世纪以来，国内学者对朱德群油画艺术的研究逐渐升温。旅法画家朱德群先生当选为法兰西学院院士，这标志着中国艺术家的作品获得西方主流文化的肯定，这一现象也使得国内学者对中国当代艺术的发展方向和中国当代艺术在世界艺术中的定位等问题的思考进入到一个新的阶段。此外，20世纪中国美术教育界广泛讨论的"中西融合"模式在关于朱德群的研究中被重新提及。朱德群在艺术上取得的成功正是林风眠等国内老一辈美术教育家在教育实践上的结果。朱德群的成功证明了"中西融合"模式在油画创作和美术教育中的可行性，并为"中西融合"在实践方向上的选择增添了新的意涵。

随着我国综合国力的增强、国际地位的提高，对中华民族文化自信的关注上升到一个显著的地位。文化与艺术的发展是统一的，艺术是文化的重要内涵和组成部分，是民族文化底蕴的反映。习近平总书记在2014年的文艺工作座谈会上指出："只有坚持洋为中用、开拓创新，做到中西合璧、融会贯通，我国文艺才能更好发展繁荣起来。"本文依托课题"江苏省近代艺术家数据库建设"，对在西方社会有重要影响的中国艺术家朱德群的有关研究做了一定程度的挖掘和梳理，发现了取得国际成就的"中西融合"的当代艺术范式，这对我国文艺事业的发展有一定的积极作用。我们正处于百年未有之大变局中，中国艺术对世界艺术的贡献以及中国艺术形象在国际社会中应有的地位等问题，需要持续的关心和更深入的研究。

参考文献：

[1] 水天中. 朱德群和他的画[J]. 文艺研究, 2000(5).

[2] 朱德群. 我的绘画历程[J]. 文艺研究, 2000(5).

[3] 吴冠中. 雨雪霏霏总相忆——我与朱德群的故事[J]. 文艺研究, 2000(5).

[4] 赵思有. 中国油画风景对传统山水画的借鉴——兼谈赵无极、朱德群、吴冠中、苏天赐的风景画[J]. 美术观察, 2003(10).

[5] 孙志宜. 从朱德群的绘画看中国传统精神和文化语境的当代意义[J]. 美术观察, 2004(11).

[6] 祖慰. 朱德群传[M]. 上海: 文汇出版社, 2001.

[7]龚安.朱德群艺术探析[D].南京:南京师范大学,2008.

[8]金妹,张芳.他衔接的是诗词——朱德群巴黎访谈[J].美苑,2010(4).

[9]李新.赋抽象以诗意——朱德群抽象派油画印象[J].艺术评论,2014(6).

[10]陶宏.诗意的交响:朱德群抽象艺术中的东方精神[D].北京:中国艺术研究院,2010.

[11][英]斯皮尔伯利.抽象表现主义[M].刘丽媛,译.北京:中国文联出版公司,2009.

[12][俄]康定斯基.康定斯基论点线面[M].罗世平,等译.北京:中国人民大学出版社,2003.

[13]叶朗.现代美学体系[M].北京:北京大学出版社,1988.

[14]王子靖.抽象表现主义的东方化——朱德群艺术研究[D].开封:河南大学,2013.

[15]郝冰洁.画布上的奏鸣曲——论朱德群的抽象绘画[D].新乡:河南师范大学,2014.

[16]邹丽.试论朱德群绘画作品的艺术特征[D].西安:陕西师范大学,2016.

[17][美]E-FLUX JOURNAL.什么是当代艺术?[M].陈佩华,等译.北京:金城出版社,2012.

[18]刘峰.象外之象——朱德群抽象艺术研究[D].上海:上海大学,2015.

[19]王承昊.传统之根——试论赵无极、朱德群、吴冠中的中国艺术精神[J].文艺争鸣,2010(8).

[20]娄莉.朱德群和赵无极的抽象绘画之路[J].南京艺术学院学报(美术与设计版),2013(5).

[21]李新昌.流散画家浅议——以朱德群、赵无极为例[J].文艺争鸣,2016(9).

[22]徐颖果.离散族裔文学批评读本——理论研究与文本分析[M].天津:南开大学出版社,2012.

[23]赵一凡,张中载,李德恩.西方文论关键词[M].北京:外语教学与研究出版社,2006.

[24]孙玉洁.朱德群:作品天价,与我无关[J].艺术市场,2010(6).

[25]马学东.朱德群的艺术及市场现状简析[J].艺术与投资,2010(5).

[26]霍驭宇.中西合璧——吴大羽、赵无极和朱德群的抽象油画研究[D].苏州:苏州大学,2018.

[27]朱晴.朱德群——从汉家子到法兰西院士[M].郑州:河南文艺出版社,2007.

[28]康莹洁.朱德群抽象画的东方意蕴研究[D].昆明:云南师范大学,2018.

[29]杨钰岩.浅谈朱德群抽象绘画中的光色表现[D].沈阳:辽宁师范大学,2021.

[30]王海燕.论朱德群作品中西融合的意境[J].山东农业大学学报(社会科学版),2021(2).

[31]姚明睿.朱德群绘画图式中的东方审美情结[J].北京印刷学院学报,2020,28(5).

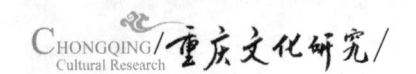

南宋古道"大寨坎"摩崖石刻考读

黄玉才

(重庆市石柱县规划和自然资源局)

建于南宋绍熙五年(1194年)的古栈道大寨坎,距今已有800多年历史,是由川入鄂的古驿道,是一部鲜活的土家族古代交通史,集石寨、兵卡、栈道、关隘、石梯、石刻为一体,是一座丰富的文物宝库,蕴藏着众多旅游资源。坐落在重庆市石柱土家族自治县桥头镇境内的马鹿山断崖绝壁之巅,危崖百丈,峭壁千仞,古寨凌空,危梯曲曲,巍巍石寨,上依断崖绝壁,下临深涧峡谷,半崖凿石为道,绝顶一寨锁关,是由川入鄂的必经咽喉要道,是明清时期石柱县城东古驿道上著名的险关,有"古寨羊肠""蜀中第二剑阁"之称,也是巴蜀名胜古迹中保存最为完整的古战场,现为黄水国家森林公园历史文化景区。历史上无数次战争在这里发生,相传,太平天国石达开入川时,就攻打过大寨坎,今存"马蹄印"遗迹。民国十九年(1930年),"神兵"李大菩萨带兵攻进桥头坝,攻打大寨坎时,炸毁了两扇特大的石寨门。1950年2月15日(农历腊月二十九),桥头爆发了震惊四川的"腊二九"土匪暴动,解放军在大寨坎歼灭残匪时,在石壁上留下的弹痕,依稀可见。许多战争痕迹,记录着发生在这里的悲壮而英勇的故事。

大寨坎石梯栈道长约6千米,一峰突兀,三面临崖,一面临水,寨顶海拔1700多米。下临奔流急湍的龙河(长江支流,又名南宾河),一条羊肠鸟道盘旋直上山巅,其余三面无路可攀,都是刀削斧劈般的悬崖。这条古驿道,由县城出发,经桥头"三多桥",过大寨坎,走中坝场,经"沙子关",去湖北省利川等地,全程300多千米,大寨坎是这条古驿道上的著名险关。大寨坎沿途有多处绝境,关隘重重,险象环生,依崖凿道,栽插木桩,外砌石栏,异常险峻。据半山腰摩崖石刻碑记载:"担者免穷途之嗟,背负者无穷步之难……梯独木难成,寸金无济,募化四方……"这一巴蜀奇观,经历代多次重修保存至今。笔者多次前往寻幽访古。这条古栈道也是笔者少年时从官田老家步行50余千米,到龙河岸边的桥头中学读书求学路上必经的咽喉要道。当年每次经过,笔者必坐在寨门乘凉观景,抚摸寨墙上1950年2月解放军平息桥头"腊二九"土匪暴动时的道道弹痕。而真正识读大寨坎丰富的摩崖石刻,是笔者参加工作后。因酷爱文史,笔者多次专程前往考证。

桥头古镇历史悠久,原属丰都县辖,因离丰都县城较远,鞭长莫及,以杨懋修、杨开甲为首富的杨氏家族独霸一方,且有家丁武装100余人,手握生杀大权,有"桥头国"之称。民国三十一年(1942年),桥头划归石柱县管辖,在此设第四区。2005年,桥头藤子沟水库建成,古镇淹没,在马鹿山移建新场镇。大寨坎离龙河较远,得以整体保护下来。

大寨坎古蜀道,有多段摩崖石刻文字和图案,主要集中在盘龙石至寨顶约1千米古道边的悬崖绝壁上。涉及丰都县令、四区区长等官员的题刻,但多段为民间贤达题刻。

据大寨坎半山腰盘龙石处的摩崖石刻《皇明崇祯元年戊辰夏至重修》碑记载:"叨守沙关,三经其地望作:原野三丈几多山,沙子嶙峋霄汉间。一径羊肠通峭壁,半回鸟道撼天关。扶筇宦客犹蔬食,折桂佳儿待笑扳。官静民安无倦扰,日观流水好潺湲。落款:署关守道州赵之銮题。"尾款之后还有"寄尽自有自箴,为慈乃报,祖宗必有余庆"的文字。

经历了390余年的历史风雨,这段石刻文字仍可识读。书体显得古拙,体现不出传统名家的风格。

大寨坎栈道经元大德二年(1298年),明万历十九年(1591年)、崇祯元年(1628年),清乾隆五十九年(1794年)、道光二十五年(1845年)、咸丰九年(1859年),民国二十七年(1938年)整修,一直保存至今。石刻文字记录着宋代到民国800余年间整修大寨坎栈道的经过,悬崖上还有多段无题款年月的石刻文字和佛像,在一石刻佛像下深刻着"蜀道原非易,功成创造力;关山依旧好,流寇漫未欺"的诗句。这些遗迹虽经800余年风雨岁月,但却古貌完整,沉淀着丰富的历史文化。1984年12月,石柱县人民政府公布,将大寨坎列为重点文物保护单位。2010年,大寨坎被列为重庆市级文物保护单位。

文学、书法艺术双绝的东寨门石刻对联及清乾隆年间丰都知县张伟的七绝妙诗,文采飞扬,书法刚俊秀逸,令人拍案叫绝。藤萝弥漫的绝壁上,山神、土地神、药王、观音等石雕像历历在目。清末丰都县正堂朱有章刻的"保我黎民"、民国年间周伯玉题刻的"严密保甲"等石刻,字大如斗,力透石壁,今举目可读。解放战争时在寨墙内外留下的弹痕依稀可辨。寨墙内外,视野开阔,可控制四面八方的险道真有"一夫当关,万夫莫开"之险。寨墙高5米,宽3米,厚1米。清光绪十九年(1893年),增建石寨门,名"大寨东门",两扇寨门石柱子深刻着"御暴乃为关,险隘新增蜀剑阁;避秦原有路,入门便是小桃源",为清末桥头坝富绅杨懋修撰书。在寨门处的悬崖绝壁上,题刻着丰都县知县(桥头镇古属丰都县辖,1942年划归石柱县)张伟在清乾隆四十三年(1778年)游览时所题的诗:"万丈危梯九曲盘,惊魂飞上碧云端。只缘民事皆王事,那顾崎岖蜀道难。"第二年秋天,他再次登临题下了:"萧萧木叶下寒溪,重到山腰驻马蹄。恰待挥毫拈娄字,回头忽见旧时题。"保存最完整的摩崖石刻是清道光二十五年(1845年)冬丰都县正堂朱有章的《道光乙巳次张大令(张伟)韵》石刻诗:"谁凿悬崖路百盘,下临深涧上云端。此身飘忽来高顶,蜀道平平不算难。"书法风格直追北宋黄庭坚,笔画舒展,撇捺夸张,清晰可读。诗碑上方书刻"保我黎民"4个大字。

清乾隆年间丰都县令张伟诗碑,不是摩崖石刻。20世纪80年代,县内一书法爱好者,将诗碑搬运到县城自己居住小区,弃之一角。后该老人去世,张伟诗碑不知所踪,实为遗憾!

2003年7月、2014年5月、2015年2月,笔者多次专程踏访大寨坎,拨开悬崖上的藤萝,识读大寨坎的摩崖石刻文字,宋绍熙五年(1194年)初所修的大寨坎碑已模糊不辨。笔者在这里还发现了不少县志未记载的史料文字,《皇明崇祯元年戊辰夏至重修》摩崖石刻文字,历代地方志也未记载,是笔者首次识读记录。

《放船》为杜甫夔州诗之始

蓝锡麟
(重庆市文学艺术界联合会)

　　杜甫夔州诗,统称他在夔州期间的全部诗作,作为一个专名概念,学界业已普遍认同。经由历代专家学者的注释解诂,与之相关的诸多话题,大至于基本评价,小至于个别释译,十之八九也都有了广泛共识。但是,并非所有环节、看点一概不存疑义了,进一步探究、解析仍然不可或缺。究竟哪一首诗当为其起始之作,即是一个不大不小的待解话题。

　　重庆师范大学教授鲜于煌所著的《诗圣杜甫三峡诗新论》一书(重庆出版社2001年9月版),下编第八节《忠州走笔》所指认的忠州所作最后一首诗为《放船》,第九节《寒秋云安》所指认的云安所作最早一首诗为《云安九日郑十八携酒陪诸公宴》。台湾中山大学教授简锦松所著的《夔州诗全集·汉至五代卷下(杜甫)》一书(重庆出版社2009年11月版),没有涉及《放船》,也将《云安九日郑十八携酒陪诸公宴》列为所指认的全部杜甫夔州诗的第一首。如果以这两位当代学者的认识作为依据,杜甫夔州诗的起始之作为《云安九日郑十八携酒陪诸公宴》,就该当确定无疑了。其实不然,还需要多角度地做辨析。

　　首先,一些前代杜诗注家的相应文辞,就与其说存在微妙的差异。例如,清人仇兆鳌所著《杜少陵集详注》(商务印书馆1935年版)是按写作时间先后排列杜诗的,"卷十四"先在《放船》题下引《鹤注》说"当是永泰元年自忠、渝下云安时作",紧接其后才对《云安九日郑十八携酒陪诸公宴》注以"上四九日自伤漂荡,下四云安慨世乱离"。又如,清人浦起龙所著《读杜心解》(中华书局1961年版),对杜诗既有编年诗目,又区分诗体分别作注。前者把《放船》定在《云安九日郑十八携酒陪诸公》(无"宴"字)之前,后者注释《放船》则谓"鹤编自忠下云安"。仇、浦所引据的"鹤",当指清初注杜名家朱鹤龄。如仇注《凡例》所说,朱鹤龄注与钱谦益注名盛一时,"互有异同""朱于经史典故及地理职官,考据分明",将《放船》与云安相链接即为其独到见解。尽管朱鹤龄并没有认定《放船》作于云安,仇兆鳌和浦起龙也都只是引述其意,这一个独到见解毕竟已经扣上云安,给后人提供了一条可贵的线索。鲜于煌和简锦松未曾注意这条线索,既是差异的微妙所在,也留下了些许遗憾。

　　其次,与小异相较,大同更值得留意。那就是,无论是朱鹤龄、仇兆鳌、浦起龙,还是鲜于煌、简锦松,一无例外都将云安认作杜甫夔州诗的地域行政建置的起点。以之为依据,自能推导出,凡在云安作的诗都属杜甫夔州诗,否则便不能算。因此,《放船》一诗是否属于杜甫夔州诗,其诗是否作于云安即成为判别关键。而要破解此关键,必不可少的前提条件,就在于要对杜甫所处的那个夔州取得准确、翔实的了解,而不是停留在浮泛印象上。

唐代实行道、州、县三级行政体制,安史之乱后形成州(府)、道(镇)、县三级行政体制。夔州的前身叫作信州,武德二年(619年)始改称夔州,隶属山南道,领奉节、民复、巫山、云安四县,治所在奉节。天宝元年(742年)改置云安郡,乾元元年(758年)再复为夔州,隶属山南东道荆南节度使,领县及治所照旧。杜甫于永泰元年(765年)九月甫抵云安,于大历三年(768年)二月经巫山下峡,确定了他旅居夔州的时空框架,他的夔州诗都创作于这个时空框架之内,自古及今无歧义。引发《放船》一诗是否作于云安的考辨,原因不在当年云安的建置大概,而在其时县治在县域内的什么点位,以及诗中所涉的自然、人文风貌特征是否贴近于云安。

杜甫当年曾经住过将近半年的云安县治所在史称汤口,地址在今重庆市云阳县云阳镇辖区内的五峰山南麓,坐落于长江北岸,隔江与江南的飞凤山相对。汤口县治始设于北周天和三年(568年),其后历代沿袭,直至20世纪90年代才因三峡工程建设向西迁移约30千米,改设于今重庆市云阳县双江街道,汤口原址则于2003年为库区江水所淹没。由双江街道再西向延伸十余千米,即是今云阳县巴阳镇,与今重庆市万州区小周镇接壤,长江即经万州小周镇东向流入云阳巴阳镇。今如此,古代的交界关系大体亦然。确认这一点,就能确认当年云安作为夔州的西邑,与当年万州是在此间连结为毗邻,进而确认杜甫是否已达云安,也要以之为准。

由之转入第三点,更加不可忽视。那就是由今之巴阳镇至今之云阳镇这一段长江江流及其两岸,究竟有哪些自然的和人文的风貌特征相对突出,有可能吸引文人雅士特别关注。古今杜诗注家全都未曾留意这一点,而这一点恰是准确解读杜甫《放船》一诗的信息密码。获得这一信息密码并不是太难,只要把文献检索与实地考察结合起来,就有把握发人之所未发。

据《水经注》卷三十三记述:"江水又东,迳石龙而至于博阳二村之间,有盘石,广四百丈、长六里,而复殆于阻塞江川,夏没冬出,基亘通渚。又东迳羊肠虎臂滩。杨亮为益州,至此舟覆,惩其波澜,蜀人至今犹名之为使君滩。江水又东,彭水注之。"其中所指的盘石,通称龙盘石,龙盘石上下的江段叫巴阳峡。巴阳峡在今万州区小周镇下岩纤背至今云阳县巴阳镇栈溪沟鸭蛋窝区间,全长10余千米,最险处调夔石至老鹰岩有8.2千米,羊肠虎臂滩即是峡中一道险滩。每年11月至次年5月的枯水季节,江面狭窄处仅80余米,最宽处也只有150余米。峡中最深处44.2米,最浅处21米。石危、滩险、峡窄、水深,合为此峡四大特点。自古及今,截至三峡库区蓄水前,峡中枯水季节只能认准航道单行船,仍难以避免沉船危险。有统计资料表明,峡中古今沉船多达1000余只(艘)。出峡下行2千米,即抵今云阳县县城所在的双江街道。所谓"彭水注之"的彭水,即指双江街道西由北向南注入长江的小江,"双江"之名即沿于斯。由此倒推就可以认定,巴阳峡的大部分是在今云阳、古云安境内。1984年以降,我曾十余次上下过巴阳峡,对三峡库区水位上升以前的巴阳峡之险峻有深刻印象。

另据明人曹学佺所著《蜀中名胜记》记载："江中又有龙脊滩,形如游龙。岁人日(农历正月初七),邑人游于上,以鸡子卜岁丰凶。古谣云:'龙床如栻,济舟必吉;龙床仿佛,济舟必没。'"1992年3月,我曾经在云阳县城采访三天,了解到龙脊滩起因于龙脊石,龙脊石是县城前的长江江心略偏北侧的一道长200余米、宽10多米的砂岩石梁,其体量之大在三峡库区中仅次于涪陵白鹤梁。每年冬、春的枯水季节露出水面,一般年份其中段潜于江心,东西两段在水面上形状如两岛;水位十分低下时,中段出水,与两岛连成一片,浑如一条白龙的脊背尽显,所以叫作龙脊石,由于一年中大多时候潜于水中,所以又叫潜龙石。既有石,又有滩,所以行船相当危险。

杜甫当年由忠州乘船,顺江东下,以云安为到夔州的首个落脚点,巴阳峡和龙脊石都是必经之处。忠州州治至云安县治,水路约150千米,九月初尚没有到枯水季节,江面尚宽,水流甚疾,如果是轻舟扬帆,顺流顺风,大可以朝发夕至。李白《巴女词》所咏"巴水急如箭,巴船去若飞",正是对于当年长江自渝州以下,经涪州、忠州、万州直至夔州船行如飞的真实体验,尽可引为杜甫朝发夕至的可靠佐证。由此再读解《放船》一诗,就不至于雾里看花、恍兮惚兮了。

《放船》为五律,八句写的是:
收帆下急水,卷幔逐回滩。
江市戎戎暗,山云淰淰寒。
荒林无径入,独鸟怪人看。
已泊城楼底,何曾夜色阑。

以"放船"作诗题,关键词在于"放"。"放"是一个多义词,其中之一为恣意放纵,无所拘束。《广雅·释言》所谓"放,妄也",即指此义。诸如放目、放言、放眼、放意、放歌、放怀之类,都是用的此义。用之于行船,必定是指称顺流而下,借助水流的流势,或者还要加上鼓帆的风势,放意骋怀,纵任疾行。杜甫在《陪诸贵公子丈八沟携妓纳凉晚际遇雨》诗中所写的"落日放船好,轻风生浪迟","放船"就表达了这个意思。由忠州至云安的约150千米顺流而下行船水路中,"放船"既可以概指全程,也可以特指某一段。究竟何所指,诗题本身并没有明确点示,需要实考诗句,才能明白无误。

仇兆鳌《杜少陵集详注》解此诗,仅只说了"上四,放船暮景;下四,泊船暮景",并没有解释是指全程还是某一段。不过,其中的两个"暮"字,从时间上依稀点出了不是从朝至夕,因而在空间上就不应该是全程,而是船之由"放"到"泊"最后一段。但他未曾注意到,诗的开头两句"收帆下急水,卷幔逐回滩"都有其深意,绝非"暮景"所概括得了的。

浦起龙《读杜心解》较之仇注胜一筹,对这两句特别作注:"放船之始,'急水''回滩',不得复张帆幔,确极。"虽未展开说,却独具只眼,扣住了关键点。遗憾的是,在文献检索上他还没有深入下功夫,在实地考察上更有所缺失,因而未能解深解透。尽管如此,吸纳浦注的合理元素,毕竟有助于发隐抉微,探得真诠。

结合文献记载和实地体验,审视其第一句"收帆下急水",显而易见,"收帆"是相对"张帆"而言,

"急水"是相对"缓水"而言。从忠州至万州约100千米,江面比较宽阔,水流得再快,也比进入峡谷地带平缓一些,杜甫所乘船当是张满风帆顺流顺风破浪而下的。可是,行至巴阳峡,江面突然收窄,水流就变得湍急起来,那就是急水了,就必须降风帆了。因为除水流湍急之外,峡中还滩礁密布,倘若仍鼓帆疾进,一旦风势过猛,人力把控不住,船就会有触滩搁浅、触礁破沉的严重危险。从古代到现代,通常的应对方式乃是,当机立断收帆后,船都由人操控,艄公在船尾摇橹掌舵,一至二个船工在船头使用篙杆(又叫"撑杆")随机撑拒,遇滩撑过滩,遇礁撑过礁,整只(艘)船就像在纵势疾进(与现代旅游中的漂流有近似性),因而的确堪称放船。而且这句诗的深层里,还暗寓着空间区位的交代,表明已进入云安地界了。

第二句"卷幔逐回滩",与第一句并非在同一时空,行间内节奏呈现出跳跃性。"幔"指船舱左右前后船窗所挂的帐幕,可以上下卷放,下放时借以遮挡日光直射,上卷则意味日已西沉,无须再遮挡了。"卷幔"这一个特定行为显然表明,先前是放下帐幕的,至日落时分才卷起来。逐,意思是追赶。回滩,当是指龙脊滩。在三峡库区蓄水以前的川江航道中,大凡有较大礁石之处,其周边多会形成回水滩。回水滩的特点为,水流不仅流速快,而且其间多有叠浪和漩涡,流向绕过滩险呈半回状指向江岸一侧。船只要安全行进,必须认清水文状况,追赶着回水流向极小心地摇橹撑篙,所以叫逐回滩。一到龙脊滩,即已行至云安县治下的江段了,与巴阳峡已然相距40多千米了。估算二者时间差,逐回滩固然可视之为近暮,下急水却是在下午四时前后,全然与"暮"沾不上边,仇注所说,殊不靠谱。浦注曾点评"注家概解作暮景,尚隔一层",委实堪称一语中的。

由于"卷幔"了,船上的诗人得以放眼观察船外环境,第三、四两句"江市戎戎暗,山云渗渗寒"即乘之而出。从朝至夕乘坐了整个白昼的船,彼时彼际,他最关心的自然当是是否已经到达此行的目的地,以及那里的大貌怎么样。他第一眼望见的,乃是已近暮色的云安县城。市,指城镇。云安县城在长江北岸傍水依山而建,依五峰山南麓层叠错落而上,所以称作"江市"。"戎戎"的"戎"与"秾"相通。在《诗·召南·何彼秾矣》里,前两段的起句皆为"何彼秾矣",朱熹注解为"秾,盛也,犹曰戎戎也"。盛即"茂盛"。东汉张衡《冢赋》所谓"乃树灵木,灵木戎戎",用以形容灵木茂盛。杜甫此诗也用这个双声叠韵形容词,是指云安县城的房屋都掩映在茂盛的林木当中,渲染出了这个江市的生态特征。一个"暗"字既是客观景象,也是主观判断,点明已是暮色苍茫。抬眼再向五峰山头以上的天空望去,发现与山际线相连的漫天层云亦有特色。"渗"是一个多音字,在这里读 shěn。《礼记·礼运》有云:"故龙以为畜,故鱼鲔不渗。"孔颖达疏解说:"渗,水中惊走也。"《字汇·水部》注明:"渗,群鱼惊散貌。""渗渗"也是一个双声叠韵形容词,意思为水中群鱼惊散,还可以引申用于合散不定的状态。杜甫在这里用于形容"山云",就是指层云翻涌,合散不定。判以一个"寒"字,既是赋云以灵性,指云在畏秋暮之寒而惊走合散,更是诗人自己的即时性身心悸动,实为一种通感表现,颇具力道。而在时空上,经这两句则已切入暮色降临的云安县城,只不过支点仍然在船上。

船将靠岸了,船上的诗人自然转向如何上岸,如何入城,因而观察环境的视线也由扫描大貌转向了专注于细部,第五、六两句"荒林无径入,独鸟怪人看"亦随意而生。"荒林"的"荒",意谓掩蔽,覆盖。《诗·周南·樛木》有言,"南有樛木,葛藟荒之",毛传即注释为"荒,奄也"。《尔雅·释言》同样有"荒,奄也"之说。那时候峡江一带人烟稀少,依山就势而建的城镇建筑多与林木交错存在,云安那种小县城尤其林木颇茂密,第三句"戎戎"已有所描述。这里的荒林,即那种茂盛的树林。但并不是简单地重复提及,而是随专注观察进了一层,发现遍布县城的大片树林交覆掩映,浓密匝地,在迷蒙的暮色中,极难辨出入城的路径。好不容易望见一只鸟,猛不丁地从林间掠过,诗人戏称那鸟是在怪人偷看。字面在鸟,实蕴在人,巧借鸟的"怪人看",反衬出了诗人自己的惊诧、怪异心境,即那江岸上看不到人影,太冷寂了。那便是他即将入城时对于云安的即时感受。

前六句所写,全是放船过程当中的所见所感,最后两句"已泊城楼底,何曾夜色阑",方才以泊船所见所感作收结。如前所述,云安县城系在五峰山南麓倚山就势修建而成,所有建筑都参差错落,层叠而上,因而还在江滨船上的诗人,会油然生出船是停泊于城楼底的感知。参证以他羁旅于云安期间一些诗所写,诸如《十二月一日三首》里的"今朝腊月春意动,云安县前江可怜""寒轻市上山烟碧,日满楼前江雾黄",《水阁朝霁奉简云安严明府》里的"东城抱春岑,江阁邻石面",《子规》里的"峡里云安县,江楼翼瓦齐",《客居》里的"客居所居堂,前江后山根"等,足信"泊城楼底"为实境摹写,绝无丝毫虚浮夸饰。至于"何曾夜色阑",乃是感叹加反问,意思是还没有到夜色阑的时刻,仍在暮色将尽之际。整个的放船果真应了朝发夕至啊,快慰之情溢于言表。以往的注家多将此句解为夜色未尽,未免失误了。详情度理合当认定,仍在暮色时分,夜色尚未降临。

统览全诗,不难看出,八句诗形成"二四二"结构。前二句总写放船行程及其特点,除第一句"急水"所指巴阳峡有一小段在万州境内而外,其余的巴阳峡大部分,以及第二句"回滩"所指龙脊滩全在云安境内,亦即夔州境内。中四句特写于"回滩"一带观察到的江城暮景,从"江市"定位,更进一步确定了是在云安县城所在地段,略无歧义。后二句泊船收结,尤其点明了是泊在"城楼底",云安县城已跃然而出了。诗句为本文提供了充分证据:《放船》一诗主要写云安,而且是在杜甫到达云安之际即兴吟出来的,因而该认定其乃是杜甫夔州诗的起始之作,断不可等闲放过。

一旦确认杜甫夔州诗始于《放船》,那么一些与之关联的话题就会浮出水面,需要给以切实观照。最浅近也最直接的,即杜甫在整个夔州期间所作的诗,究竟有多少流传下来,就得做出相应的指认。简锦松所著《夔州诗全集·汉至五代卷下(杜甫)》据创作时间先后做过梳理,将《云安九日郑十八携酒陪诸公宴》定为起始之作,将《大历三年春白帝城放船出瞿塘峡久居夔府将适江陵漂泊有诗凡四十韵》定为止讫之作,统计总量为462首。但据仇兆鳌所著《杜少陵集详注》解诂,简说的止讫之作乃是"作于宜都(今湖北省宜昌市)",其先的倒数第二首诗《敬寄族弟唐十八使君》才是作于"与唐相别于巫山"之时,倒数第三首诗《春夜硖州田侍御长史津亭留宴》的创作地"津亭在硖州(今湖北省秭归县)",两说不一样。细审三诗,仇说为当。因此,在宜都所作和在硖州所作的两首诗不应该置入杜甫夔州诗之列,杜甫夔州诗的止讫之作当是《敬寄族弟唐十八使君》。减两首,增一首,

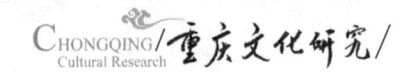

杜甫夔州诗的总量当是461首。

就《放船》本诗而言，其审美价值不宜低估。明人胡应麟在其《诗薮》中，对此诗所用叠字曾大加赞赏。他认为，诗因字少"用叠字最难，此又叠字中最警语，对属尤不易工。如'野日荒荒白，江流泯泯清'，下句稍逊，不若'山(江)市戎戎暗，江(山)云淰淰寒'铢两既敌，而骈偶天成"。对属工整并不算特别艰难，但骈偶天成，却真的是出乎其类，拔乎其萃，在杜诗中也不常见。另一位明人王嗣奭在其《杜臆》中，则有更多的击节称奇："滩回则风转，故幔为之卷。'戎戎''淰淰'，语不袭旧，而光景可想，亦借此形容世情耳。故下有'荒林''独鸟'之句，以比无交者既不可求，寡情者亦不可亲。所以顺流而下，人无顾盼，已泊城下，而夜犹未阑也。意在言外，妙、妙！"排除其间"借此形容世情"以下诸语的强行比附，只取其语不袭旧，光景可想之意，应该说也是颇中肯綮的。仅凭胡、王之所誉，即值得肯定《放船》不愧称作好诗。

然而，胡、王见有未及，《放船》一诗最妙之处原本是在其情景结构上。仍如胡应麟《诗薮》所说，"作诗不过情景二端。如五言律诗，前起后结，中四句二言景二言情，此通例也"，而"老杜诸篇，虽中联言景不少，大率以情间之"。可惜他未曾将此见识应用到《放船》。就诗言诗，这首诗的中四句，非但超越了二言景二言情的通例，亦且突破了言景为主，以情间之。无论是三、四句着眼于江市，山云暮景大貌，抑或是五、六句落笔于荒林，独鸟暮色细部，无一不是体现出了借摹写客体景象以寄寓主体情致，客体之景与主体之情浑融无间。个中尤数第四句那个"寒"字力道十足，主客体通感尽在其间；第六句那个"怪"字也颇奇崛，明面上是鸟之态，呼之欲出的乃是人之心。所有这四句的景和情都是一句一层，逐层跳跃传递的，呼应到一、二句的"急水""回滩"时空跳跃，以及七、八句再跳跃到"泊船"为全诗收结，整首诗的行间内节奏都显示出情景跳跃性，与《放船》主题既紧密扣合，又毫无凿痕。浦起龙《读杜心解》曾经称赞杜甫《闻官军收河南河北》"八句诗，其疾如飞"，为其"生平第一首快诗也"。依我看，《放船》八句诗虽然未到其疾如飞的程度，但凭着句间跳跃，快感贯注，也是杜甫诗当中一首难得的快诗。

杜甫夔州诗由快诗起始，对于研究他为什么会到云安，无疑也具有引示性意义。为理出头绪，有必要把视野放开些。杜甫于永泰元年(765年)五月举家离开剑南道西川节度使治所成都，先沿岷江南下，入长江后再沿江东下，相继在同属剑南道西川节度使辖区的嘉州(今四川省乐山市)、嘉州犍为县(今属四川省)青溪驿，以及戎州(今四川省宜宾市)稍事盘桓，留下诗作，都是因为有亲友故交款留接待，并不是逢州必停。进入当今重庆市的疆域后，途经当时属于剑南道东川节度使辖区的渝州(今重庆市渝中区)，由于无亲无故，连岸都未上，留下一首《渝州候严六侍御不到先下峡》便乘船离去了。再途经当时属于黔中道(治所黔州在今重庆市彭水县)辖区的涪州(今重庆市涪陵区)，既没有停留，也没有作诗。直至到了当时与万州(今重庆市万州区)、夔州同属山南东道荆南节度使辖区的忠州(今重庆市忠县)才因为有忠州使君的侄子等人款留接待，又一度上岸盘桓数日，留诗七首。及至离忠州前往夔州，忠州与夔州之间有个万州，他照样是过境不留。他在云安写过《长江二首》开篇即称赏"众水会涪万",表明他对涪州和万州的天然形胜是了解的。了解却不顾,起因皆在无亲友故交接待。但云安同样没有这一条件,他却破例落脚云安了,特殊的原因颇值得考索。

回溯他的忠州诗,可以看出奥秘来。杜甫嗜酒,不亚于李白,并且烙有他个人的"狂夫"印记(详见拙著《"狂夫"杜甫》)。他在忠州以"拨闷"为题写过一首七律:"闻道云安曲米春,才倾一盏即醺人。乘舟取醉非难事,下峡消愁定几巡。长年三老遥怜汝,捩柁开头捷有神。已办青钱防雇直,当令美味入吾唇。"曲米春为云安特产美酒名,前四句诗不避直白,倾吐出了他闻名心动,着意要"乘舟取醉""下峡消愁"的诉求。后四句诗里,"长年"为峡江船上篙师之称,"三老"为峡江船上柁手之称,"捩"的意思是扭转,"柁"的意思与"舵"通,"捩柁"即为掌舵。连篙师、柁手都"遥怜汝(即曲米春)",为之撑篙掌舵前往取醉"捷有神",反衬诗人倾心有理。"青钱"为青铜所铸之钱,即铜钱;诗人备足了铜钱作为船资,雇用掌船的长年、三老为其驾船,图的就是要"美味入吾唇"。因此,认定杜甫当年是为酒落脚云安,一点也没冤枉他。反倒是这种狂夫狂性,真情真话,令人对他产生由衷的尊敬。

问题随之也就来了。从忠州到云安,水路毕竟有150千米左右,多久能到呢?极有可能当时杜甫问询过长年、三老,得到的回答是如果顺流顺风,可望朝发夕至;如果途中遭逢什么不顺畅,则可能要延迟至夜色已深才能到了。实际的放船十分顺利,及至泊船,居然真是前一种结果。杜甫自然喜不自胜,结句用了个疑问副词"何曾",也许是戏问长年、三老,也许是自问自答,自惊自叹。不管问了谁,那种莫可言状的快慰之情,都溢于言表了。

进一步推究,杜甫当年于九月初抵云安,仅为了要"美味入吾唇",断然不会有久住的初心。极大的可能是像先前在嘉州、犍为青溪驿、戎州一样,盘桓几日或十数日,兴甚而来,兴尽而去,于九月中旬或者下旬便离开云安,乘小半天船而转到奉节。殊不知人算不如天算,他到云安不久便旧病复发,并加重了,因而不得不羁滞近半年。杜甫在云安所作的诗,虽如《云安九日郑十八携酒陪诸公宴》有"旧摘人频异,轻香酒暂随"之句,《水阁朝霁奉简云安严明府》有"呼婢取酒壶,续儿诵文选"之句,但如《寄岑嘉州》所述,他是处在"外江三峡且相接,斗酒新诗终自疏"的状态当中。其原因,尽在病,从《别常征君》的"儿扶犹杖策,卧病一秋强",到《十二月一日三首》的"明光起草人所羡,肺病几时朝日边",到《杜鹃》的"今忽暮春间,值我病经年",到《客居》的"卧愁病脚废,徐步视小园",再到《别蔡十四著作》的"巴道此相逢,会我病江滨""我虽消渴甚,敢忘帝力勤",多种病痛缠身,严重消磨了他的酒兴诗兴。若是未曾发生这种偶然性变故,不难想象,杜甫不仅不会滞留云安那么久,而且,他在夔州的人生经历和诗歌创作当是另外一个样子。但人生多会被偶然性作弄,历史事实已经那样生成了,后人只能据实求解。

2021年3月5日竟稿于淡水轩

【附记】注意到《放船》,缘于拟用两年时间,撰成《杜甫夔州诗详注》书稿。《巴渝文库》已将其列入项目规划,完稿以后将由西南大学出版社出版。为于2021年春节后开始写作,从2020年年底开始,我就逐日检索文献,陆续有了一些不尽蹈袭他人的感悟或者发现,《放船》即其一。殊不料,视力转差较前尤甚了,只好问医求治。经检查,医生交代务必少用眼,否则还会恶化。我只好暂停撰写,期以三个月治疗眼疾,若能缓解,方才重启,反之则只好干脆放弃了。不甘心埋没对《放船》一诗有新发现,乃一天写几百字,历时十余天写成此文,然后谋求公之于世。若眼疾治不好,十之八九,这就是我问学文章的封笔之作。为之叹,是以记。

(备注:此文在"辛丑夏"一辑刊载时有内容遗漏,故重刊,向作者和读者表示歉意。)

一脉清流在人间
——记重庆市三峡川剧团梅花奖获得者谭继琼

马晓军

（重庆三峡杂技艺术团）

谭继琼，1973年生，万州区文联副主席，重庆市三峡川剧艺术研究传承中心主任，重庆市三峡川剧团团长、党支部书记，国家一级演员、全国三八红旗手、中国戏剧家协会会员，中共重庆市第五次党代会党代表、重庆市第三届人大代表、重庆市第五届政协委员，万州区政协委员；荣获2020年度文化和旅游部优秀专家，第十四届"文华奖"优秀剧目奖，"第十届中国艺术节"优秀表演奖，第二十五届中国戏剧"梅花奖"，被评为重庆市宣传文化首批及第二批"五个一批"（艺术类）人才，重庆"五一"巾帼标兵，重庆市第四届劳动模范、先进工作者，重庆市十大女杰，获"振兴重庆争光贡献奖"提名奖；万州区优秀共产党员，万州区有突出贡献中青年拔尖人才，万州区十大杰出青年，万州区第二、三、四、五届学术和技术带头人，万州区建功立业女能人等荣誉称号；入选文化部文化艺术人才中心编的《中国当代戏曲人才大典》。

谭继琼主攻花旦，扮相俊美，嗓音甜润，基本功扎实，唱做念打俱佳，文武兼备。在川剧学校就读时就品学兼优，被学校作为尖子重点培养，曾获全校"桃李杯"比赛一、二等奖。主演大型传统川剧《白蛇传》《杨八姐盗刀》在重庆引起轰动，舆论界、文艺界专家给予高度评价。毕业被分配到重庆市三峡川剧团后，服从领导，热爱川剧事业，刻苦钻研，很快成为剧团青年艺术骨干。长期担任剧团主演，历年曾主演川剧《白蛇传》《人间好》《杨八姐盗刀》《拾玉镯》《宋江杀惜》《武松杀嫂》《鸣凤》《白露为霜》《峡江月》等大小剧目，在各级均有获奖。2000年，主演《武松杀嫂》，获全国地方戏曲精品折子戏评比展演暨戏曲青年演员大奖赛二等奖，开创了万州区戏曲在全国获奖等次最高的先河。2009年，领衔主演大型现代川剧《鸣凤》,其艺术生命力得到了又一次延续与升华。其声、色、艺俱佳的表演获得专家与观众广泛好评。这部剧被誉为青春偶像剧,被重庆市委宣传部列为重点剧目,以期打造成为一部优秀的保留剧目。2011年,《鸣凤》入选文化部、财政部2009—2010年国家舞台艺术精品工程资助剧目(30强)。2011年5月,谭继琼凭借《鸣凤》的出色表演成功摘得第二十五届中国戏剧梅花奖,实现了万州区梅花奖零的突破。同年10月,她主演的《鸣凤》在"第十二届中国戏剧节"的演出中荣获最高奖——"中国戏剧奖·优秀剧目奖"和"中国戏剧奖·优秀导演奖",开创了万州戏曲在全国获奖等次最高的先河,被专家及学者誉为中国戏剧"万州现象",扩大了重庆及万州文化在全国的影响。2012年,领衔主演的《鸣凤》获重庆市第十二届精神文明建设"五个一工程"奖;2013年,领衔主演的川剧《鸣凤》参加第十届中国艺术节,荣获第十四届"文华奖"优秀剧目奖、"第十届中国艺术节"优秀表演奖;2015年,领衔主演的大型现代川剧《白露为霜》入选国家艺术基金2015年度资助项目;2016年7月,领衔主演的大型现代川剧《白露为霜》代表重庆晋京参加"全国基层院团戏曲会演",并荣获重庆市第十四届精神文明建设"五个一工程"奖;2017年7月,领衔主演的《鸣凤》代表重庆晋京参加"全国基层院团戏曲会演";2018年,领衔主演的川剧《白露为霜》参加第四届川剧节;2020年,领衔主演的原创大型现代川剧《峡江月》获得北京及重庆的戏剧专家一致好评,延续了中国戏剧"万州现象",继续扩大了重庆及万州文化在全国的影响。

谭继琼作为重庆市级及万州区级非物质文化遗产川剧表演传承人,长期奋斗在演出第一线,对剧团新招录的演员坚持培养,亲自传授川剧表演技艺,长期致力于川剧艺术的保护、传承、创新和发展,为川剧事业的保护、弘扬、普及、推广做出了努力和贡献。

为了推广川剧艺术,普及中华优秀传统文化,谭继琼多方奔走,近十年为剧团招收了30名学员,解决了剧团人才青黄不接的问题,并对学员进行一对一的培养,以更好地传承川剧艺术。

为了普及和传承川剧艺术,谭继琼近三年带领剧团在重庆各大、中、小学开展了"戏曲进校园"活动400余场,让川剧演出直接进大、中、小学校园和乡镇街道,在传承川剧艺术的同时,让大中小学生及广大人民群众零距离地感受到了戏曲艺术的独特魅力。每场戏曲进校园活动都让大中小学生从中受益,穿插在活动中的戏曲知识提问和学生登台学艺环节,得到了师生们的一致好评,对推广戏曲艺术和加强大中小学生中华优秀传统文化教育起到了良好的作用。

谭继琼带领剧团始终坚持文艺"二为"方向、"双百"方针,把川剧的挖掘、传承和推广放在首位,致力于"出人、出戏、出精品"。同时,高质量、高标准地完成各种到基层、到农村的惠民演出,将演出送到了边远、落后、贫穷山区村社的田间地头,为重庆周边区县的乡镇、街道、学校及广大的农村观众送去了党和政府的关怀,满足了农村观众的文化需求。为了将川剧艺术更好地传承和发展,谭继琼将继续带领剧团不忘初心,继续努力,坚定不移地扛好川剧艺术传承的旗帜。

2020年10月20日的平湖万州之夜,月光皎洁,灯火万家,由重庆市三峡川剧团创演的民国女性题材三部曲之原创大型现代川剧《峡江月》,首场演出在位于和平路和平广场南侧的万州大会堂内与观众见面了。这也是三峡川剧团梅花奖获得者谭继琼继《鸣凤》中的鸣凤、《白露为霜》中的陈白露之后,第三次以民国女性形象出现在艺术舞台上。《峡江月》一经演出,就以富有感染力的川剧高腔、幽默诙谐的台词、写意象征的舞美设计和感人肺腑的故事情节让观众们沉迷于其中。每当表演到精彩动情之处时,热烈的掌声就在剧场内久久回荡,现场观众无不为《峡江月》精心的编排、演员精湛的表演所折服。

原创大型现代川剧《峡江月》讲述了民国年间发生在万州南门口码头"望江客栈"老板娘江小月,与不惧日军飞机炮火轰炸毅然涉险转运抗战物资的船夫水老大的一段悲壮恋情故事,将一群生活在最底层的小人物的悲欢怒喜与国家的兴衰存亡紧密对位串联,以洗练质朴、生动鲜活的人物群像和一波三折、跌宕起伏的叙事铺陈,巧妙涉入戏剧结构搭建和角色品性塑造之中;并以其宏大的主题背景和细腻深情的笔触,将重大事件中的底层小人物群像栩栩如生、多姿多彩地呈现在了戏剧舞台上。《峡江月》主创阵容强大,编剧郑瑞林,总导演任庭芳,并由第二十五届中国戏剧梅花奖获得者、重庆市三峡川剧团团长谭继琼再次领衔主演。

《峡江月》一经推出,不仅深受观众喜爱,也得到了专家们的一致赞赏。专家们认为这是一部追述万州往事、回望峥嵘岁月、重现苦难历史、深情铭怀激励,且地域特色浓郁、家国情怀深厚,浓墨重彩地表现大事件中小人物命运的极具时代意义的现实题材作品。剧情厚重、凝练、浓情、凄美,对探索中国戏剧走向具有很好的启迪与助推作用,是重庆市三峡川剧团继经典名著改编剧《鸣凤》和《白露为霜》之后,又一部力求进阶新变,并将笔墨首次着眼于反映家乡人和家乡事的本土原创川剧大作。中国文联理论研究室原副主任、资深研究员李春喜在观演后的座谈会上表示,《峡江月》选材、立项、演出都是成功的,编剧、导演很到位,演员表演倾情投入,追求"精益求精"的创作精神;该剧的演出,是中国戏剧"万州现象"的新发展;这部剧是继《鸣凤》《白露为霜》之后的"民国女性题材三部曲"崭新的一个,体现了大事件中小人物自然贴切、深沉浓烈的家国情怀,实现了大时代、大背景、大事件与小舞台、小客栈、小人物的有机衔接,呈现出鲜明、强烈的川渝地域文化特色,人物性格塑造丰满细腻,角色拿捏精准到位,川剧声腔结合,"川人川音"生动传神,富有浓郁的生活气息,川味十足,接地气,具有让观众感同身受的亲和力。中国艺术研究院戏曲研究所资深研究员、戏剧理论家马也表示,川剧《峡江月》的排导和演出水平很高,艺术感染力强,以四川传统艺术瑰宝川剧为载体,将方言话剧、音乐剧、川剧、原创民族舞蹈等元素融入其中进行再创造,配以极具现代科技感的声、光、电技术,以歌舞演绎故事,具有独特的三峡地域风貌和时代感、历史厚重感,编、导、演合力倾情打造了一部集思想性、艺术性、观赏性于一体的"民国"文艺大戏。

"我是充满情感看完这台戏的,我与万州有十年的合作和交往,尤其是在今年的疫情水情期间,万州的朋友们却编导了一部原创新戏,很钦佩,热烈祝贺!"中国国家话剧院原副院长、国家一级导演查明哲如是说。他还提到自己看完这台戏十分感动并马上就想到了两个词:一个是"一脉清流",一个是剧目的名字——"峡江月"。他说,在当下的"现实主义"题材中,《峡江月》是一脉清流,三峡川剧团如峡江上一轮升起的明月,它回归到了戏剧艺术应该遵循的最本质的和实现它最大价值的人文关怀的基点上说戏。《峡江月》的选材很到位,它选择了最具提炼价值的本土人物、重大事件和浓郁的三峡地域特色,舞台呈现相当完整,川剧色彩强烈,充满了戏曲化、川剧化、本土化的"麻辣味",戏剧的思想性、文学性和艺术性延续了中国戏剧"万州现象"。同时,通过这部戏,也看到了三峡川剧团的成长和演员们的成熟,尤其对这台戏的继续打磨和提升充满了期待。

作为一名主攻花旦的川剧演员和已经走向艺术管理岗位的剧团负责人、重庆市三峡川剧团梅花奖获得者、《峡江月》中江小月的扮演者,谭继琼在传承、发展川剧艺术的工作实践中,最为深切的忧虑和思考是:"面对改革开放、文化多元、信息密集、竞争激烈的大时代,戏曲工作者如何才能安身立业,推陈出新,向好行远而不负重托?"2009年开始主持川剧团工作以来,她竭尽心力,聚智筹谋,勤奋操持,克服了小剧团演大戏面临的种种困难,十年中接连打磨出三部创新大戏,且一步一台阶,一戏一华彩。由她领衔主演和精心打造的民国女性题材三部曲——大型现代青春川剧《鸣凤》、大型现代川剧《白露为霜》和原创大型现代川剧《峡江月》,对戏曲传统与现代表演方式相结合进行了积极有益的艺术探索和审美创变,深得专家的肯定和观众的认可,或入

选文化部、财政部2009—2010年国家舞台艺术精品工程资助剧目(30强),或荣获第二十五届中国戏剧梅花奖,第十二届中国戏剧节最高奖——中国戏剧奖·优秀剧目奖和中国戏剧奖·优秀导演奖。谭继琼本人也被评为全国三八红旗手、2020年度文化和旅游部优秀专家等,她还被录入文化部(现文化和旅游部)文化艺术人才中心编的《中国当代戏曲人才大典》一书。这一系列成就和荣誉的得来以及其中不断付出的艰辛努力,尤使她和她带领的剧团更加坚信一句话,就是"川剧如舟敢驾潮,成事在人不怨天"。

回溯至2009年,三峡川剧团决策定位于主攻现代戏,特别是选择民国时期的题材,身为一团之长的谭继琼下了很大决心,吃了不少苦,也由此而斩获多多。当时,不安于现状,亟待求生存发展,欲举全团之力开辟出一条新生之路的三峡川剧团,幸运获得了重庆市著名剧作家隆学义根据巴金名著《家》改编的大型现代青春川剧《鸣凤》剧本,认真阅读了剧本的谭继琼既兴奋又忐忑,兴奋的是剧团可以通过排戏的契机来凝聚力量,改变其生存压力和现状;忐忑的是当时剧团的人、财、物都已很是匮乏,能否使川剧艺术事业可持续发展,自己作为《鸣凤》的主演能否驾驭"鸣凤"这样一个具有经典名著历史背景、跨时代象征意义的典型艺术形象,能否达到编剧、导演的要求和得到观众的认可。厚望装心中,压力担肩上,令她一时间诚惶诚恐,不敢有丝毫的懈怠。为了坚定信心证明剧团存在的价值,身为团长兼书记的谭继琼,在剧团最艰难、最渴望新变的时候做出了一个大胆的决定:剧团必须要创作,要排戏,要干事!于是她全身心地投入到《鸣凤》的创排筹备工作中……随后,在该剧的排练期间,为了能更好地运用川剧艺术表演形式准确塑造"鸣凤"这一典型艺术形象,她又反复通读了巴金的原著,并对比了剧本和原著,不断熟悉了解、深入思考和潜心揣摩"鸣凤"在剧中、小说中的历史环境、社会关系和人物地位,力求让自己进入到"鸣凤"的内心世界。通过学习研读和编导启发,她逐渐清晰地认识到生活在高公馆中的底层小人物的"鸣凤",即使身份卑微仍心怀对美好爱情的向往,憧憬幸福未来,以及寓意其中的历史发展必然所导致的悲剧性结局;也认识到这是一部控诉封建恶势力,召唤光明与美好,具有积极现实意义的心力之作。编剧、导演一致定位《鸣凤》"是一部哀婉的凄美诗、揪心的悲情剧",须以"凄美"统领并贯串全剧。在执行排练中也特别要求谭继琼在人物塑造上,要做到"情态悲喜真切适度,青春洋溢收发自如,形神兼具内心丰富,或歌或舞审美突出",让她塑造出鸣凤"纯朴、美丽、善良而又性情刚烈"的舞台艺术形象,并将"生命的美好毁灭在观众面前",以此达到抨击封建社会的残酷无情、泯灭人性的目的。谭继琼在戏中既要体现出鸣凤善良、坚强、刚烈、宁死不屈服于命运的个性,更要通过鸣凤哀婉凄美的悲剧命运,让人们产生对鸣凤既喜爱又同情、既敬佩又惋惜的复杂感情,继而引发观众对封建势力的憎恶和痛恨。把握了总体定位设计和经过编导老师的启发、帮助,谭继琼在刻画和塑造"鸣凤"这一个典型人物形象时,表演上开始有了内在支撑和底气,也在不断的排练磨合中逐渐完成了从"自我"到"鸣凤"角色身份的替位转换。尤其是在"摘梅""游湖"两段重场戏的表演中,她主要表现鸣凤与觉慧"彼此爱意羞怯,借梅传情,两心相悦"的感情渐进发展过程。在鸣凤的内心深处觉得三少爷与众不同,值得信任和交往,可以敞露心扉,向往与他共有美好未来,尽享"梅笑送春来"的欢悦甜蜜;并通过情感的融入忘却主仆的尊卑身份。在排练这两段情感戏中,当时已经36岁的谭继琼,如何扮演只有十多岁的少女?年龄和年代上均存有的差异又该如何修补、改善才能让观众欣然接受?经过导演反复提示点化和她自己不断地用心揣摩消化,她决定充分发挥戏曲艺术的综合优势,利用声、形、神来塑造鸣凤温柔、羞涩、娇嗔、纯情却又多愁善感的少女形象。谭继琼在"敲窗"这一段揭示人物内心变化的戏中是这样表演的:已知将要被高老太爷送去"做小"的鸣凤,此时既忧郁不安又震惊无助,她把唯一的希望寄托在觉慧身上;于是乘夜深人静时来到三少爷窗前,欲向觉慧倾诉苦衷,表白爱意,寻求帮助,表现出心情极度焦虑惶惑;而鸣凤的内心也非常清楚,少爷与丫头、主人与仆人,这之间都存在着无法逾越的高墙,她来回徘徊,内心犹豫不安,痛苦挣扎……这场戏通过轻重缓急、声形渐变的"三次敲窗",细腻准确地表现了鸣凤不同的心情变化。在表演处理上,不但要表现出此时的鸣凤纠结、惶惑、焦急如焚、求助不能的复杂心态,更要表现出鸣凤对觉慧的爱不仅仅是情爱更是博爱的情感升华,最后又不得不含泪忍痛、悲凄吻别。"投湖"则是全剧的高潮戏段,鸣凤顾影自怜的内心表白、"杜鹃啼血"的内心悲痛——谭继琼认真体会了当时的鸣凤凄苦绝望,宁死也决不委身于他人,最终貌似柔弱的鸣凤向观众展示了她刚烈的个性,义无反顾、勇敢地选择了清白的死。在这一戏段,谭继琼运用川剧高腔凛冽悲怆、平缓凄美地唱出了鸣凤哀苦无助的心境——"天地之大,竟无容人之地",使观众痛惜落泪,谭继琼在演唱时也情不自禁黯然神伤、泪眼婆娑。"投湖"这场戏谭继琼很好地把握了鸣凤这一艺术形象对美好生活的留恋,同时也表现出鸣凤希望破灭后不甘于被蹂躏糟蹋,勇敢为爱献身,"留得清白在人间"的刚烈决绝个性。组织创排川剧《鸣凤》,深入其中,让谭继琼真切感悟到用川剧表现现代题材,必须将传统和现代协调统一,将戏曲程式表演与多元艺术形式相融合,既要不脱离川剧传统表演手法,又要充分观照现代观众的审美情趣。

《鸣凤》在音乐、唱腔、舞美、服装、灯光运用上,都紧紧围绕唯美、浪漫、凄美的视听效果来充分表达,这为《鸣凤》的舞台艺术呈现增光添彩不少。谭继琼也通过主演鸣凤角色,切身体会到要让一部戏的艺术形象立体、鲜活、生动、可信地呈现在舞台上,最终获得专家和观众的认可和喜爱,除了要在人物思想、情感、内心、性格、形象及技艺等方面全方位下足功夫外,还必须做到思想性、艺术性、观赏性三者之间的无缝衔接。主演"鸣凤"角色,为她接下来继续演好民国女性题材三部曲之大型现代川剧《白露为霜》中的陈白露、原创大型现代川剧《峡江月》中的江小月奠定了坚实的基础,积累了宝贵的经验。而坚信"天生我材必有用"的谭继琼,也相继完成了"塑造不同身份、不同际遇、不同个性、不同命运"的民国三个女性角色的心愿,并使以川剧艺术形式浓墨重彩、意趣丰盈、创新审美表现的民国女性题材三部曲《鸣凤》《白露为霜》《峡江月》在当代中国戏曲舞台上熠熠生辉、非同凡响。这些艺术成就及荣誉的得来,皆缘于她热爱读书学习,不断丰富内心世界,善于沉静修炼的厚积薄发;加上她天生丽质、俊俏清秀的姣好样貌,常年习练手眼身法步的灵巧娴熟,并能将其恰到好处地运用在人物生动塑造、情感细腻表达、技艺丰富呈现上,使得她在戏曲舞台上所创造的民国女性系列艺术形象既个性鲜明、各具特质,又立体鲜活、浓情传神,令人感动于怀、印象深刻。特别是在对原创大型现代川剧《峡江月》中"望江客栈"老板娘江小月的人物塑造上,渴望在艺术追求上不断自我否定、求新求变的谭继琼,迫切期望以突破定式、超越自我、颠覆类型化角色表演的探索勇气,力求跳脱出"鸣凤"桎梏于高墙大宅院和"陈白露"陷身于风尘交际场的人物悲惨命运演绎,回归到最为熟悉的家乡往事和底层大众生活中去全新创造一个"人无我有、与众不同"的舞台艺术新形象。

"梅花香自苦寒来,宝剑锋从磨砺出",我们有充分的理由相信和期盼,原创大型现代川剧《峡江月》通过精益求精的编创重构和精雕细琢的导排重塑,将会以更加独特的艺术视角、更加完美的舞台呈现和更加浓情感染的川剧魅力,再次为中国戏剧"万州现象"添砖加瓦,共情造势,亦使重庆三峡川剧团及谭继琼所倾力打造的民国女性题材三部曲之心愿达成,并可持续地在中国戏剧舞台上一路向好行远,蔚然大成。

新时代新愿景,新征程再出发。谭继琼作为非物质文化遗产川剧表演艺术传承人,将继续带领全团演职员工不忘初心,砥砺奋斗,创新作为,坚定不移地扛起川剧艺术传承的旗帜。我们期待并祝福她能够在倾心热爱、"愿以身相许"的川剧艺术事业上永葆青春,更上一层楼。

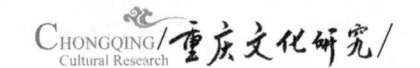

金陵兵工厂探源

姜孝德

（重庆市江北区文化馆）

我因受邀写《1862简史》——实际上写的是民国兵工署第十、第二十一工厂的历史——也就是今日长安工业、长安汽车公司的历史，在此期间，我认真阅读过有关金陵兵工厂的历史，发现了一个问题，就是金陵兵工厂的源头在何处。

金陵兵工厂（简称"金陵厂"）本来在南京，全面抗战爆发后的1937年11月，内迁到了重庆江北簸箕石——成了民国兵工署第二十一工厂，再后来成了重庆长安工业（集团）有限责任公司、重庆长安汽车股份有限公司。因为有这样经历，南京的学者可能不会去深究金陵厂的历史，因为它已经搬迁到重庆去了；而重庆学者或许会认为，金陵厂来源于南京，应该由南京那边去正本清源。两边这么一想，金陵厂的历史就可能没人仔细研究了。今天，无论是南京写的，或者是重庆写的，都是一笔带过，并且也都把源头指定在上海（松江）洋炮局[1]。对于此事我很纳闷，金陵厂的源头为什么不是安庆内军械所呢？无论是时间的早晚，还是对洋务运动影响的大小，上海洋炮局都完全无法与安庆内军械所相提并论。本来可以一笑了之，后来却发现，这个问题不仅仅是涉及一家兵工厂的起源，更重要的是——它涉及洋务运动的起点、中国近代化的起点等问题，因此，也就有了较真的必要。

一、曾国藩对洋务运动的贡献

曾国藩是一个颇有争议的人物，但对当时社会的三大贡献应该是肯定的：第一，他是晚清洋务运动的先驱之一；第二，他是中国近代兵工生产的肇始者；第三，他是晚清四大中兴名臣之一，并且，他培养了四大名臣中另外二人——李鸿章、左宗棠。

曾国藩（1811—1872年），初名子城，字伯涵，号涤生，汉族，出生于湖南长沙府湘乡县杨树坪（现属湖南省娄底市双峰县荷叶镇）。六岁时入塾读书，道光十二年（1832年）考取秀才，道光十八年（1838年）殿试后获得同进士[2]功名。从此之后，他一步一步地踏上仕途之路，最后官至吏部侍郎（二品）。十年七迁，连跃十级。曾国藩真说得上是官运亨通。咸丰二年（1852年），曾国藩因母丧而回

---

[1] 上海洋炮局，也称松江洋炮局。当时上海为县，受松江府管辖，因此说松江洋炮局也对。
[2] 同进士：考入三甲的人，因皇上的恩赐，获得相当于进士的功名。

家丁忧①。此时,太平军运动如火如荼,皇上焦头烂额。1853年1月,曾国藩在家乡接到了咸丰皇帝"帮办湖南团练旨",从此踏上带领湘军与太平军交战的道路。

1861年9月,曾国藩率军夺回了被太平军占领的安庆。湘军入驻安庆后,安庆便成了清军与太平军对峙的前沿阵地,同时这里也成了湘军的指挥中心。曾国藩在安庆,一门心思思考着如何攻克金陵。要攻克金陵有许许多多事情要做,其中有一件事就是要修复战争中损坏了的枪、炮。就在建立"修械所"的前夜,曾国藩想到了"造"。建成后的"修械所"果真多了一项业务,那就是"造"军械。1861年秋冬之交,修、造并重的修械所——"安庆内军械所"成立了。

谁也不要认为曾国藩是脑子发热才萌发了造枪、造炮、造弹、造兵船的念头,其实早在他建立湘军的初期就已经开始了。1853年11月,他已经开始在衡阳设厂造船造炮了,只是,那是用的传统方法,说不上是近代化的兵工厂。1860年12月初,曾国藩就上奏朝廷说:"将来师夷智以造炮制船,尤可期永远之利。"这里所说的"永远之利",就是一年后他所说的"剿发逆""勤远略",以期渐至促进工商业发展的思想。曾国藩本想先通过买船仿造的方式求得先进技术,他说,"购成之后,访募覃思之士,智巧之匠,始而演习,继而试造",他是相信中国人"智者尽心,劳者尽力,无不能制之器,无不能演之技"的。于是他不等"购成之后",就马上访求"覃思之士,智巧之匠"开始工作了。仿制虽然艰难,虽然笨拙,但毕竟开始了。

关于安庆内军械所何时建立,不少人纠缠不清,其实,只要看看《曾国藩日记》什么都清楚了,他在咸丰十一年(1861年)十一月初二写道:"至子弹局、火药局一看。"虽说没有提到内军械所,但造军火之实已经有了。在曾国藩驻扎安庆时入幕府的黎庶昌为曾编撰的《曾文正公年谱》中记载,其中咸丰十一年十一月,有"札司道设立善后局。……分设谷米局及制造火药、子弹各局,委员司之。又设'内军械所',制造洋枪洋炮,广储军实"。因此这个问题是清楚的。

一般人以为,这个军械所就只是一个修造枪炮的工坊,事实上大错特错。这个军械所,至少应该是一个科学院和一个兵工厂的综合体。有人将其拔得更高:"可视为中国近代第一个军事技术研究所,同时也是中国近代第一个科技研究所、第一个科技试验工场。将中国当时最高级的科技研制机构设于与太平军相峙的前线军营内,足以表明曾国藩对科学技术的军事实用价值的极端重视;而将当时第一流的科学家兼技术专家徐寿父子、华蘅芳等招聘到军械所,又足以表明曾国藩对科学理性的高度尊重与信任。"[1]

曾国藩了不起的地方,是他既有开放崛起的意识,又有执行条件。《海国图志》的作者魏源,是晚清觉醒较早的知识分子,他高喊"师夷长技以制夷",可是,他没有执行的条件,也就是没有权力。曾国藩是可以把"师夷"与"制夷"合并起来执行的人,这就避免了空喊。"欲求自强之道,总以修政事、求贤才为急务,以学作炸炮、学造轮舟等具为下手工夫。但使彼之所长,我皆有之,顺则报德有其具,逆则报怨亦有其具。"[2]正是在这样的思想指导下,曾国藩广泛地搜罗人才,培养人才,使用人才,晚清

---

① 丁忧:朝廷官员父或母逝世,必须停职,回籍守孝27个月。

从曾幕走出来的人才,如李鸿章、左宗棠、郭嵩焘、彭玉麟、李瀚章等,此外也有一流的学者与科学家,如俞樾、李善兰、华蘅芳、徐寿等。李鸿章在《曾文正公神道碑》中说:"持己所学,陶铸群伦。雍培浸灌,为国得人。"言简意赅,令人信服。曾经深入安庆曾国藩幕府的容闳记述说:"总督幕府中亦有百人左右。幕府外更有候补之官员、怀才之士子,凡法律、算学、天文、机器等等专门家,无不毕集,几于举全国人才之精华,汇集于此。是皆曾文正一人之声望道德,及其所成就之功业,足以吸引之罗致之也。"[3]

二、安庆内军械所简述

从道理上讲,曾国藩以前的清军应该有军械所之实的——修理一下刀、矛、弓,或者老式的枪炮,但其名称或许不叫军械所。曾国藩的湘军虽然是"勇"①,但自筹的经费颇为丰富,因而,军队的武器也颇为丰富。

湘军陆师的装备,每营4哨,每哨8队,第1、5队用抬枪,每队正勇12名,3个人放1支抬枪,两队合计配备抬枪8支。第3、7队用小枪(即鸟枪),每队正勇10名,人各一支小枪,两队合计配备小枪20支。第2、4、6、8队,每队正勇10名,4队合计40名兵勇,用刀、矛等冷兵器。营官亲兵6队,每队正勇10名,第1、3队配备劈山炮,每队至少2台劈山炮,第5队用小枪,第2、4、6队用冷兵器。使用冷兵器的诸队,也配有一定数量的炸弹、飞弹、喷筒等火药兵器。

湘军水师的装备,起初每营配备快蟹船1只、长龙船10只。咸丰五年(1855年)之后,裁去快蟹船,改为长龙船8只、舢板船22只,合30船为一营。长龙船配备800~1000斤不等的船头炮2尊,700斤左右边炮4尊,700斤左右尾炮1尊,皆系洋炮。舢板船配备700斤左右船头炮1尊,600斤左右尾炮1尊,边炮配2尊传珠小炮,炮重约四五百斤不等,此外,鸟枪、刀矛、喷筒等随宜配用,以备近战。

湘军的武器装备,基本上是热兵器和冷兵器各占50%,故在战斗中有较强的攻击力,而伤亡不大。就当时中国军队来说,湘军是一支装备精良的武装。[4]

如此多的武器要维修,内军械所绝不会小。加之,还要生产炸弹、炮弹、轮船什么的,人数肯定还要多。一本《曾国藩日记》,细细品读并不难发现安庆内军械所的生产情况。但是,要特别注意,早期与晚期的区别,早期未必有多大,"作为湘军的随军兵工厂,以生产子弹、炸弹、火药为主,并修理枪械,有技工和技师百余名"[5]。后来逐渐扩大,甚至请来了许多专家、学者,这个时期的安庆内军械所庞杂且大,诚如前面容闳所说,"凡法律、算学、天文、机器等等专门家,无不毕集,几于举全国人才之精华,汇集于此",虽有些夸张,大概也不会是空穴来风吧。

关于军械所前面为什么一定要加一个"内"字,到目前为止也还没看到一个合理的解释,倒是同治四年(1865年)的《续纂江宁府志》里面有一个说法,还比较合理:"同治四年闰五月立。以守丞以下官掌之。初名外军械所,专储外洋军火,供各军之用。别有内军械所,以储内地军器,洎各军移撤。

---

① 勇:实为民兵性质的军人,费用自筹。《现代汉语词典》(第7版)的解释为:"清朝称战争时期临时招募,不在平时编制之内的兵。"

其分储军械,多聚于此。"就此说而论,内军械所应该修理与制作洋枪洋炮的。不过,内军械所迁移到江宁(南京)以后,多种职能被分解了,虽有军械所之名,已无军械所之实了。

三、安庆内军械所的工作

与安庆内军械所同时存在的还有安庆子弹、火药、枪炮三局,有人说这三局是内军械所的下属,也有人说是并列关系。更奇怪的是,与三局一所同时存在的似乎还有安庆机器局。徐珂在《清稗类钞》中说"文正尝愤西人专揽制机之利,谋所以抵制之,遂邀雪村创建机器局于安庆"。文正为曾国藩的谥号,雪村为徐寿之号。也有人说,内军械所与机器局是一回事:"安庆是洋务运动暨中国近代化的发源地,是曾国藩等洋务派将近代化理念付诸实践的起点。其标志则是安庆机器局(或安庆内军械所)的诞生。笔者命其名为安庆机器局,一则由于洋务派在进行近代化的过程中创建的军事工业,大多以'局'或'厂'命名,如1862年的上海洋炮局、1865年的江南制造总局和金陵制造局等;二则曾国藩作为其创始人,即称其为'安庆机器局':'同治元、二年间驻扎安庆,设局试造洋器',故称安庆机器局亦可,通称安庆内军械所。"[6]就目前而言,说得比较肯定的是叶宝园,他说:"安庆内军械所分设火药、子弹、谷米(加工)和内军械四个分局,每个分局,类似车间。"[7]本文不是专史,不能铺开来探讨,权以"安庆内军械所"代替,这肯定不会影响对金陵兵工厂源头的探讨。

不少人以安庆内军械所没有什么成绩来否定它的意义,否定它是中国近代化的起点,这是极其错误的。就从曾国藩的日记来看,我们也可以看到草创之初的工作[8]:

同治元年(1862年)四月十八日,"旋又进东门,出北门,看华蘅芳所作炸弹,放十余炮,皆无所见,已刻归"。

同治元年(1862年)七月初四日,"华蘅芳、徐寿所作火轮船之机来此试演。其法以火蒸水,气贯入筒,筒中三窍,闭前二窍则气入前窍,其机自退而轮行上弦;闭后二窍则气入后窍,其机自进而轮行下弦。火愈大则气愈盛,机之进退如飞,轮行亦如飞。约试演一时。窃喜洋人之智巧我中国人亦能为之"。

同治元年(1862年)十月初二日,"出城至盐河看黄南坡所铸大炮者(者字衍),解金陵者共五尊,内万三千斤者一尊、万斤者二尊、六千斤者二尊"。

同治元年(1862年)十一月十二日,"阅新制之坐劈山炮,不甚合式"。

同治二年(1863年)正月初八日,"至东城外看丁道杰演炸炮:大小五炮。其弹在半空炸裂,不待落地而已开花矣"。

同治二年(1863年)八月初二日,"出门,至内军械所观所为火机"。

同治二年(1863年)十二月二十日,"出门至河下看蔡国祥新造之小火轮。船长约二丈八九尺,因坐至江中,行八九里,约计一个时辰可行二十五六里。试造此船,将以此放大,续造多只"。

当时的安庆军械所的确做了许多工作,只是当时许多工作都处在实验阶段,做得多而成果较少罢了。萌芽于安庆内军械所的印书、翻译在后来的时间里都发挥了较大的作用,对洋务运动具有重要的推动作用。

四、安庆内军械所的重要人才

安庆内军械所对洋务运动的影响大,关键是它团结了一大批有见识有学问的科学家、一批心灵手巧的能工巧匠,如徐寿、华蘅芳、李善兰、龚之棠、徐建寅、容闳、张斯桂、吴嘉廉、张文虎、吴嘉善、丁杰、冯俊光、吴大廷、殷家隽等。这些人,即使在后来的金陵机器制造局、江南机器制造总局,甚至是汉阳兵工厂都能见到他们的踪迹,这样来看,大家都会相信安庆内军械所是人才的摇篮。

有以下几个重要人物:

第一人:李善兰(1811—1882)。李善兰于1862年到安庆内军械所,主要负责书局的组建工作,即史书所谓"聘入戎幄,兼主书局"。1864年,清军攻下金陵,曾国藩随后移师于此,金陵书局正式成立。曾在安庆内军械所做事的李善兰、张文虎等人便转入书局,担任"校席",李善兰似乎没有负责书局,而是趁此大好时光,组织刊印了《几何原本》《重学》《圆锥曲线说》《则古昔斋算学》等大量科技书籍,对推动洋务运动、推动中国科学的发展起到了非常积极的作用。

李善兰推荐到安庆内军械所的张文虎、张斯桂等人后来都已成才。张文虎成了著名的校雠专家,金陵书局所出之书被后世称赞"校勘严密、刻印精美",这与张文虎的贡献是分不开的。张斯桂后于光绪二年(1876年),被奉旨赏加三品顶戴,出使日本国首任副使。

1868年,经郭嵩焘举荐,李善兰到总理衙门同文馆①担任天文算学总教习。同文馆是中国最早的翻译大学,学生除学外语外,还要兼学天文、算学、格物、化学、医学、机器制造、西洋史地和万国公法等。李善兰从此在同文馆从事教学与科研,培养了许多学生,直到1882年去世。他对中国近代化的贡献是非常大的。

第二人:徐寿(1818—1884)。徐寿于1861年进安庆内军械所;1862年,与华蘅芳一起研制出中国第一台蒸汽机;1863年,试制出中国第一艘蒸汽船;1864年,跟随安庆内军械所迁到金陵,并造出更为完美的蒸汽轮船"黄鹄"号;1865年,到上海筹建江南机器制造总局,后来与华蘅芳、徐建寅一起设计和制造了"惠吉""操江""测海""澄庆""驭远"等舰船,开创了中国近代造船工业的新局面。

1868年,在上海的江南制造总局成立"翻译馆",徐寿、华蘅芳、徐建寅等便开始从事科技书籍的翻译工作。徐寿与英国人傅兰雅合作翻译《化学鉴原》时,对化学元素用汉字音译英语读音第一音节并加"金"字旁作为此元素的名称,如"锌""锰""镁"等,他对元素名称创造性的翻译,影响直到今天。1874年,徐寿与傅兰雅在上海筹建了我国第一所科技学校——格致书院,于1876年正式建成,书院开设有矿物、电务、测绘、工程、汽机、制造等课目,书院还创办了我国第一份科技期刊《格致汇编》。

可以这么说,徐寿起步在安庆内军械所,但最后的辉煌却在上海,他对洋务运动的发展及中国近

---

① 同文馆于1862年在北京创办,是中国最早的新式高等学校,后并入京师大学堂,再并入北京大学。

代科技的启蒙堪称功勋卓著。

第三人：徐建寅(1845—1901)。他是徐寿的次子，1861年跟随父亲进入安庆内军械所从事科研，而后到金陵，再到上海，十余年历练，让他成了一个不可多得的兵工人才。1875年，到山东机器局任总办。1879年，赴德、英、法等国进行技术考察。1886年在会办金陵机器制造局时，采用西法制成新式后膛枪和铸钢。1900年，应张之洞的邀请到湖北汉阳钢药厂，三个月就便试制成功我国第一代无烟火药，打破了洋人的技术封锁。1901年3月31日，因火药发生意外爆炸而献出了生命。徐建寅著译有《造船全书》《兵学新书》《化学分原》《水雷录要》《欧游杂录》等40余种。

他对中国兵工的发展与洋务运动的推动作用是巨大的。最初，他去安庆内军械所，后来去了金陵机器制造局，也去了上海江南机器制造总局，还去天津机器局制造镪水(即"硫酸")，到山东机器局当总办，最后在汉阳钢药厂牺牲。在徐建寅身上，可以非常清晰地看到安庆内军械所对洋务运动、对中国近代化初期科技的贡献、对中国早期兵工生产所产生的作用。

第四人：华蘅芳(1833—1902)。华蘅芳于1861年入曾国藩幕府。1862年初，华蘅芳和徐寿应曾国藩的邀请前往安庆内军械所，专办制造事宜。1865年，曾国藩会同李鸿章在上海创办江南机器制造总局，并调华蘅芳、徐寿前往"建筑工厂，安置机器"。1867年，华蘅芳、徐寿开始与外国人合译西方近代科技书籍。翌年，制造局内设翻译馆。从此，华蘅芳把主要精力用于译书，同时进行数学等方面的研究。1876年格致书院成立后，他前往执教10余年，并参加院务管理工作。1887年，他到李鸿章创办的天津武备学堂担任教习。1892年，他到武昌的两湖书院、自强学堂讲授数学。1896年，他回到江南机器制造总局的工艺学堂，任数学教习。1898年，他回到家乡，在无锡俟实学堂任教。1902年逝世。他毕生致力于研究、著述、译书、授徒，工作勤奋，敝衣粗食，淡泊名利，不涉宦途，在科技方面做了大量的工作。

第五人：容闳(1828—1912)。容闳，原名光照，号纯甫，广东香山县南屏村(现珠海市香洲区南屏镇)人，中国近代著名的教育家、外交家和社会活动家。容闳是第一个毕业于美国耶鲁大学的中国留学生，是中国留学生事业的先驱，被誉为"中国留学生之父"。在清末洋务运动中，他因促成并且经历了两件大事而彪炳史册：协助建成了中国近代第一座完整的机器厂——上海江南机器制造总局；组织了第一批官费赴美留学幼童。在中国近代西学东渐、戊戌变法和辛亥革命中，容闳都有不可磨灭的贡献。

当时的容闳是少有的既了解中国现状也了解西方现状的人，他与曾国藩的交谈，深刻地影响了曾国藩。容闳告诉曾国藩："中国今日欲建设机器厂，必以先立普通基础为主，不宜专以供特别之应用。所谓立普通基础者，无他，即由此厂可造出种种分厂，更由分厂以专造各种特别之机械。简言之，即此厂当有制造机器之机器，以立一切制造厂之基础也。"这种看法，应该说是站得更高，修正了曾国藩只为打败太平军而建厂生产的狭隘思想。容闳的话对曾国藩而言无异于醍醐灌顶。曾国藩赞同容闳的观念，并立刻拨68000两白银，委托容闳到美国购买机器设备，希望

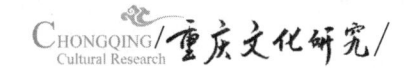

真的能在未来将安庆打造成为一个"立一切制造厂之基础"。当容闳采购的机器运回中国的时候,曾国藩已经移师金陵了,这批机器便被运送到了江南机器制造总局。此事是典型的:筹资在安庆,受益是南京。

仅是这五人,也足见安庆内军械所的作用非同一般,何况还有其他的成绩呢。有人纯粹从兵工生产的角度,筛选了曾国藩幕府中的人才。其实,1861年后的幕府人才,都是记录在安庆内军械所的名录上的。

李鼎芳编著的《曾国藩及其幕府人物》比较广泛地收集了曾国藩的幕府人物,那真是蔚为壮观。曾国藩之所以成事,非常重要的一点,就是他能够团结人。

表1 安庆内军械所人才名录

姓名	籍贯	入幕时间	在幕时间	入幕途径	个人专长	从事职业
徐寿	江苏无锡	咸丰十一年(1861年)10月	1861—1872	应邀入幕	物理、化学	安庆内军械所、江南机器制造总局、翻译馆
华蘅芳	江苏无锡	咸丰十一年(1861年)10月	1861—1872	应邀入幕	数学、化学	安庆内军械所、江南机器制造总局、翻译馆
徐建寅	江苏无锡	咸丰十一年(1861年)10月	1861—1872	随父入幕	兵工专家	安庆内军械所、江南机器制造总局、翻译馆
龚之棠	江苏长洲(今苏州市吴中区)	同治元年(1862年)	1862—?	应邀入幕	精于造炮	安庆内军械所
吴嘉廉	江西南丰	同治元年(1862年)	1862—1870	应邀入幕	军事技术、化学	安庆内军械所、江南机器制造总局
丁仲文	广东番禺	同治元年(1862年)	1862—1866	应邀入幕	善制炸弹	安庆内军械所督铸火药局洋炸炮
李善兰	浙江海宁	同治元年(1862年)4月	1862—1868	郭嵩焘推荐	数学、物理	主持编书局
张斯桂	浙江慈溪	同治二年(1863年)5月	1863—1867	李善兰推荐	制造洋器	秘书处
张文虎	江苏南汇(今属上海浦东新区)	同治二年(1863年)5月	1863—1872	李善兰推荐	精于算法	编书局
容闳	广东香山(今属珠海)	同治二年(1863年)9月	1863—1872	李善兰、张斯桂邀请	熟悉机器	赴美购买机器、幼童出洋肄业局副委员

[摘自黄松平、朱亚宗《曾国藩与中国军事技术近代化》,载《长沙理工大学学报》(社会科学版)2011年第6期]

五、对整个洋务运动的影响

找到洋务运动的起点相对容易一些,而找到金陵机器制造局的起点相对就要难一些,原因就在于稍不注意,就很难发现是安庆内军械所与苏州洋炮局合并形成了金陵机器制造局(以下简称"金陵机器局")。人们在寻找河流源头的时候,总是以距离入海口最远的一个源为源头,按此理,金陵机器局的源头就应该在安庆内军械所。

关于安庆内军械所的去向,常见的说法是,它合并到了金陵机器局去了:"1864年(同治三年)迁南京,次年与由苏州迁来的洋炮局合并,组建为金陵机器制造局。"[9]此说,还不仅仅是合并,而是比苏州洋炮局更早迁到南京。也有说:"安庆内军械所规模很小,后来亦未续造轮船。同治三年(1864年)清军攻陷南京后,由安庆迁至南京,次年改建为金陵机器局。安庆内军械所存在时间不长,但其意义是不寻常的。它的创建开中国近代企业之先河……"[10]不过在众说中,也有另外的说法。"安庆内军械所设备'皆由手造',十分简陋,与'收买外人之机器'相比,明显落后,因此'不值得一搬'。"[11]就本文而言,笔者认为人去了最重要,内军械所搬迁去没有,已经不那么重要了。人去了,最有力的证明是——最初在安庆内军械所研究生产的轮船,最后成功在金陵机器局制造成功,并由曾国藩命名为"黄鹄"号。1865年某日,"黄鹄"号在南京下关码头鸣笛起航,它是中国第一艘靠蒸汽推动的轮船,也成了金陵制造局的第一个成果。

安庆内军械所也是上海江南机器制造总局(以下简称"江南机器局")的源头,或者说具有某种"血缘"关系。"曾国藩开办了安庆内军械所,李鸿章接着在上海开办洋炮局。内军械所和洋炮局都可以认为是江南机器制造总局的'胚胎'。"[12]在徐寿的小传里有一句:"清同治六年(1867年)受曾国藩派遣,携子徐建寅来上海,襄办江南机器制造局,从事蒸汽轮船研制。同治七年(1868年)正式成立翻译馆,在英国传教士伟烈亚力、傅兰雅等人合作下,翻译出版科技著作13部……"[13]徐寿不仅帮助建立了江南机器局,还在这里建立并负责局属翻译馆。从目前掌握的资料看,当初安庆内军械所的专家徐寿、华蘅芳、徐建寅等人都来到了翻译馆。要说安庆内军械所对整个洋务运动的支持,这些人才及其翻译的书,应该是一个重点。

此外,徐寿父子还在江南机器局做了一件大事,"1873年至1875年,总局局员徐寿父子督率中外员匠陆续造出2艘大型木壳暗轮姐妹兵船'海安'和'驭远'号。这2艘姐妹兵船,长96米,宽13.4米,深6.7米,载重量2800吨,功率1.341千瓦(1800马力),航速12节,炮20门。为19世纪70年代中国所造兵船之中最大者"[14]。

曾在安庆内军械所工作过的李善兰,1868年被推荐到北京同文馆任天文算学总教习。可以说,这是当时中国传播科学文化的最高讲台。到1882年,李善兰获得了三品衔,一个在科举场上只考取过秀才的人,居然靠数学、天文获得这么高的官衔,肯定会改变人们对数学的看法。虽说早期的同文馆只是一所翻译专门学校,但对学生的影响并不仅仅表现在翻译方面。曾在北京同文馆进修过三年的蔡锡勇,是李善兰的得意门生,他后来成了张之洞开展洋务运动的得力干将,参与创办自强学堂、武备学堂、矿业学堂、工业学堂、铁路学堂、两湖书院、银元局、汉阳铁厂、湖北枪炮厂,并任过织布局、枪炮厂的总办。他的影响程度,大概是任何人都无法预料的吧。

徐建寅也是洋务运动中非常杰出的人才,其影响超过了蔡锡勇。

徐建寅1861年到安庆内军械所,后来到金陵机器局,再后来又到江南机器局翻译馆。1874年,徐建寅到天津机器局主持硫酸(时称"镪水")的研制工作,最后试制成功,为天津机器局生产新火药奠定了良好的基础。1875年徐建寅前往山东济南,在那里,他主持创办了山东机器局。山东机器局投产后,备受各方好评。1896年,徐建寅被派往福州船政局做技术工作,在这里工作一年多,他很快就恢复了福建造船厂(马尾造船厂)生产,并且还在此建造了当时中国最大的船坞。1900年中国与八国联军开战,外国人拒绝向中国出售火药,张之洞保安火药局聘请的洋师傅也拍屁股走人,他赶紧邀请徐建寅前往汉阳,主持保安火药局的生产,随后又请徐建寅到汉阳负责无烟药厂的生产,不久便生产出了无烟火药。[15]

徐建寅俨然是当时的国家级专家,四方奔走,八方救急。可惜,1901年,因火药研制事故,徐建寅牺牲在汉阳无烟药厂。

综上所述,说安庆内军械所是洋务运动的起点、中国近代化的起点应该是恰如其分的,说它是金陵机器局(金陵兵工厂)的源头,也应该是恰如其分的。有人怀疑地问:为什么把那么多人才都要放在安庆内军械所呢?其实很简单,当时洋务运动初兴,别说曾国藩的湘军没有相应的机构,就是政府(军队)肯定也没有,曾国藩要给这些人才发饷,就必须安排在某机构中,否则就只有曾国藩自己拿钱。有人说,安庆内军械所就是曾国藩的幕府,这应该是正确的。没有内军械所的时候,人才都聚集在幕府,有了内军械所后,人才都归入到内军械所了。

参考文献:

[1]朱亚宗.中国科技批评史[M].长沙:国防科技大学出版社,1995.

[2][8]李瀚章编纂.曾国藩全集·日记(第十卷)[M].李鸿章,校勘.北京:中国致公出版社,2001.

[3]容闳.西学东渐记[M].徐凤石,恽铁憔,译.长沙:湖南人民出版社,1981.

[4]谭仲池.长沙通史·近代卷[M].长沙:湖南教育出版社,2013.

[5]朱有志,郭钦.湖南近现代实业人物传略[M].长沙:中南大学出版社,2011.

[6]徐伟民,方晓珍.古城安庆与中国近代化[M].合肥:合肥工业大学出版社,2011.

[7][12]叶宝圆.自强之路——从江南造船厂看中国造船业百年历程[M].北京:中央文献出版社,2008.

[9]夏征农,陈至立.大辞海·中国近现代史卷(第12卷)[M].上海:上海辞书出版社,2015.

[10]王相钦.中国民族工商业发展史[M].石家庄:河北人民出版社,1997.

[11]秦政奇.安庆内军械所去向再考[A]//安庆政协文史委.安庆文史资料·库存文史资料专辑(第31辑)[C].2005:135.

[13]王余光,徐雁.中国阅读大辞典[M].南京:南京大学出版社,2016.

[14]李翰文.话说历代帝王(第三册)[M].合肥:黄山书社,2007.

[15]王志民.山东重要历史人物(第四卷)[M].济南:山东人民出版社,2009.

艺苑

《大唐盛世》 油画 李根（上海）

《家园系列——车水马龙》 油画 刘文超(广东)

《民族瑰宝之水墨梨园》 中国画 高冠峰（重庆）

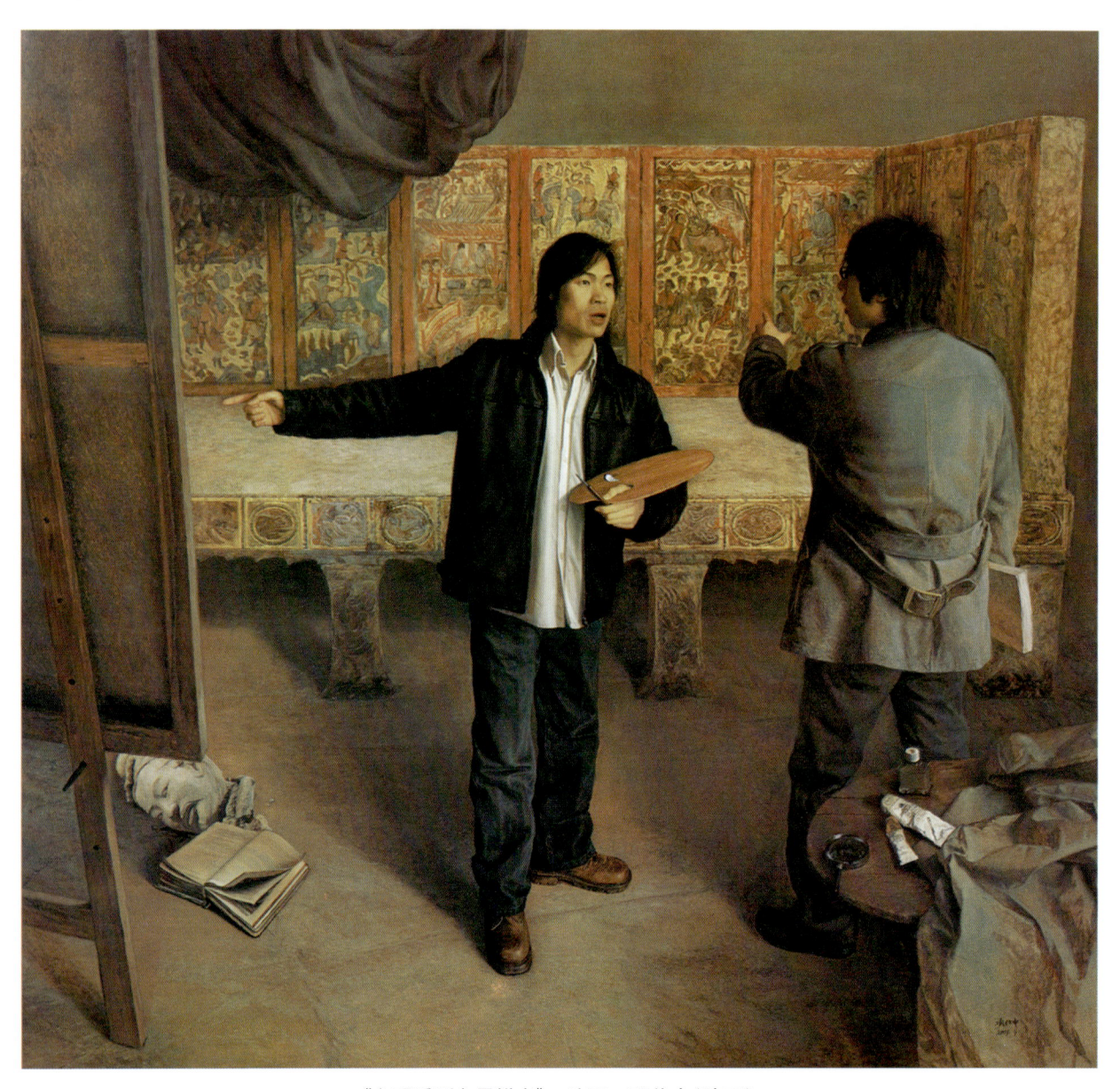

《文明系列之思辨者》 油画 项仕中(陕西)

《致所有曾被我们遗忘的美好》 油画 王剑锋（上海）

《蚕花》 版画 刘为（重庆）

《阿彩和阿云2》 钢笔画 齐成好（辽宁）

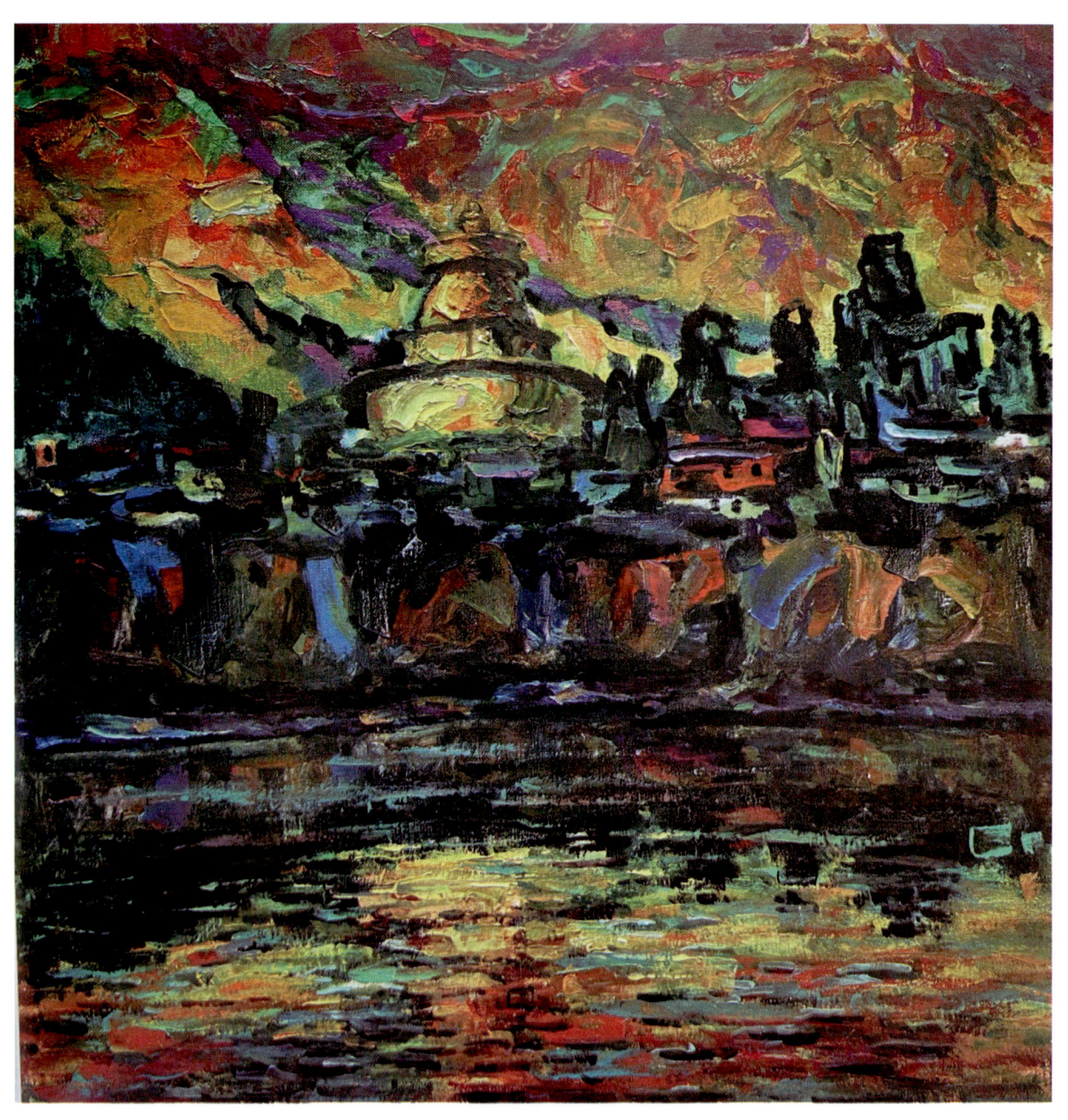

《江孜夕照之一》 油画 次仁多吉（西藏）

《老家修了新房子》 中国画 张祖全(重庆)

《落幕之二》 油画 连漩（浙江）

《母瑞山行军图》 中国画 蒲以宏（海南）

《清风》 雕塑 覃石胜（广西）

《秋天先到田野人家》 中国画 刘静（重庆）

《树下小桥》 油画 丁廷华（重庆）

《岁月痕迹》 中国画 江洋（重庆）

《溪雨微，洗客尘》 中国画 覃燕（重庆）

《巷口》 水彩 涂强（重庆）

《渔船情系列之一》 油画 张兵（浙江）

《仲秋山川》 中国画 李刚（重庆）

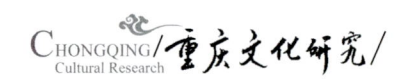

《昨夜的雪》 油画 李毅（重庆）

《雪后即景》 油画 李自舟（湖北）

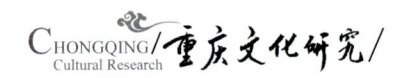

《18NO.15》 丙烯 叶勇（北京）

《暖春》 水彩 刘进（江西）

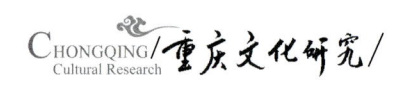

《春色》 油画 李松林（湖北）

释"魂"

蒲以宏 冯建章

(海南省三亚市群众艺术馆 三亚学院)

"画魂"一词的提出,是在1980年代初石楠传记体小说《画魂:张玉良传》[①]中。石楠作为一个女性作家,当时凭着极少的资料和一个女性作家的直觉[②],用诗学的语言给潘玉良戴上了一顶"画魂"的桂冠。但在当代所有关于艺术史或绘画史的写作中,潘玉良仍然是一个微不足道、可有可无、语焉不详的存在。

真正要建构潘玉良的美术史地位,绕不开一个字就是"画魂"之"魂"。"魂"本是一诗化用语,若对其进行界定,是一种冒险,但却是了解潘玉良艺术成就的一把钥匙。

一、对绘画艺术的献身精神

在20世纪的中国,潘玉良对绘画的牺牲精神,几乎没有任何一个女性可以比拟。这种对艺术至真至情的牺牲精神,文学艺术作品最适宜呈现。在传记小说中记载了多次潘玉良为绘画而做出过的牺牲。第一次是潘玉良到澡堂画裸体,遭到"众殴"[1];第二次是因《裸女》与潘赞化争执,"玉良也毫不退却,一字一板地回答说:'要杀我,要割我的肉,请便。你给我的恩情,就是把我割成碎片奉献给你,也表达不了我对你的感激。要割画子不行,它不属于哪个人,它是艺术,产生于我心上,胜过我的生命'"[1];第三次是为留学而堕胎,"抡起两个拳头,擂打自己的腹部",折磨自己[1];第四次是1950年代初,潘玉良十六年后收到了潘赞化的家书,请求她回国,她对王守义(小说化名田守信)说:"凭我现在的心情,恨不得马上回去。但是,理智告诉我,现在不能回去,还有许多工作没完成……更重要的是我总还想实现早就立下的一点理想,想通过这次展览,能有作品选进现代美术馆,才算不是两手空空回去见国人。"[1]不但小说为我们塑造了一个献身绘画的潘玉良,而且亲朋的回忆录也建构了这样一个"献身艺术"的潘玉良形象。

苏雪林曾提到潘玉良绘画的较真。1928年,她们刚到里昂中法大学,潘玉良天天作画。有一次潘玉良买来一束菊花,放在窗前,就窗间射进来的晨曦取影。晨曦一刹那就过去了,她一天只能画几

[①] "张玉良"为"潘玉良"的原名,该书后面被人民文学出版社、作家出版社、江苏文艺出版社再版时,更名为《画魂:潘玉良传》。
[②] 笔者曾咨询过石楠能否对"画魂"一词的内涵进行界定,她说当时只是凭直觉。

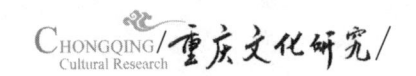

笔,要等次日晨曦来时才能再画。怕菊花枯萎,每夜要起来数次为花喷水。[2]苏在回忆录中又记载一段旅法期间与潘玉良的对话——苏问她:"你来巴黎这许多年,为何不回去?"潘玉良笑着说:"巴黎是个艺术之海,世界无数艺术家到了此邦,便舍不得离去,想在这艺术的海洋里,挹取几勺点滴甘醇,或采取几枝红耀的珊瑚,拣拾几个珍贵的贝壳。我也不过是这类艺术家之一罢了,你们何必要问呢?"[2]这样"雅致"的话固然不大可能出自潘玉良的原话,只可能是文学大家苏雪林的加工,但语义应该是不错了,通过这段话,我们看到了一个对绘画至真至情的潘玉良。

二、中国绘画艺术精魂之承续

如果说1921年至1928年第一次留法期间,潘玉良主要学习的是西方写实主义的绘画技法,1928至1937年在大学任教的十年间,潘玉良主要补习了中国传统绘画技法,那么在1937年至1964年近三十年的时间里,潘玉良日渐形成了自己成熟的风格,即"中国味",比如媒材的"中国味"、线条的"中国味"、构图的"中国味"[3]等。

所谓的中国"味",颇有形式感,核心是中国艺术精神。徐复观认为中国的艺术精神在"庄学""心灵","宋以后所谓禅对画的影响,如实地说,乃是庄学、玄学的影响"[4],"人生上的所谓'玄',乃指的是某种心灵状态、精神状态。中国艺术中的绘画,系在这种心灵状态中所产生、所成就的……假定谈中国艺术而拒绝玄的心灵状态,那等于研究一座建筑物而只肯在建筑物的大门口徘徊"[4]。反观《庄子》一书非常重视"真"与"自然","真者,所以受于天也,自然不可易也。故圣人法天贵真,不拘于俗"[5],"心灵""真""自然""生命"乃是"庄学"的核心精神,也是中国艺术的精神。

当代学者徐煜认为,东西方的艺术精神都是求"真"的,西方的艺术精神是"艺术的虚构与想象为阐明某种理念服务的目的,都是一种观念的形象化解释,借以让人们能够形象化地理解诸如命运、正义、邪恶等等观念或主张",而中国的艺术精神也是求"真"的,"'真'不是局部性、阶段性相似的意义,而是具有终极性的'本真'的意义,是生生不息又澄澈明净的生命实质。有如老庄哲学的'道',就是'自然',就是所谓的'一气运化'"。[6]日本学者笠原仲二对中国画学也持这样的观点,"古代中国绘画美的价值的高低,就在于画家能否在对象中,即在客观的自然界所存在的一切事物以及画家本人或一般人的精神和心境中,探索到这种意义上的真,并把它作为美而充分表现在作品里。凡能称得上优秀的作品,它即使没有达到这种最高的境地,也必定要尽可能地表现对象所具有的真,即对象所具有的独自的生命,这些对象正是它自己,而不是别的什么东西。这样的作品,就象征着使对象的各种姿态具有实在性的本原的生命"[7]。

在中国古代哲学思想的孕育下,中国绘画创作具有了以下几个特点,即尚神尚韵、尚气尚势、尚意尚趣、以书入画、以线造型等。而中国艺术的精神即在于其"生命性",是一种出自生命本真的"个性化"叙事。这些特点与精神在潘玉良的画作中无处不在,特别是"生命性"与"个性化"。

"生命性"与"个性化"是潘玉良绘画的核心精神特质,这是对中国艺术精神的接续。潘玉良的绘画是一种熔铸中西方绘画语言对中国艺术精神的创新性呈现。这在潘玉良旅法期间的作品中表现非常明显，尤其以彩墨画最为代表。在安徽省博物院潘玉良作品陈列馆中，彩墨画占很大比例，如《希望和平》《双人扇舞》《放风筝》《戏》《母子情》《豢猫》《仰卧女人体》《梳理》《照镜女人体》《水仙花》《侧坐绿衣女人体》《女童与提篮》《浴女》《醉》《歌舞艳声》《柔情》《海滨乐》《母爱》等，这些作品不但融贯了中西绘画语言，而且充分表达了艺术家内心的本真。苏雪林曾用"元气淋漓障犹湿，真宰上诉天应泣"(杜甫)的诗句概括她读潘玉良作品的感受[2]，也曾如此评价："玉良的画作，轮廓极正确，线条极遒劲，每一幅画都是魄力磅礴，元气淋漓，极阳刚之美，正是表现她整个人格，也就是表现了她的个性。"[2]潘玉良绘画的"生命性"与"个性化"叙事，还体现在其绝大部分绘画的受众只有一个，那就是潘赞化，她的恩人和丈夫。特别是她1937年至1960年之间的作品，这也是她不与画廊签约的原因之一。①

无论是"新白描"(陈独秀语)、"玉良铁线"(一枚印章上刻的字)、鲜艳色块、自画像、人体像、各种猫②画、无根的瓶花，还是女性化叙事、毛笔宣纸的使用等，无不体现了潘玉良对徐复观《中国艺术精神》一书中建构起来的"艺术精神"的承续与发展。潘玉良是在20世纪女权主义运动与民族解放运动背景下茁壮成长起来的中西合璧的艺术家，她身上体现了中国传统艺术的精魂，她是20世纪中国画坛的灵魂性人物之一。

三、以绘画为媒介对人类"灵魂"之探究

成熟期的潘玉良绘画，深受西方印象派与野兽派绘画画风和艺术家的影响。法国画家高更作为后印象派画家三大巨匠之一，他的艺术思想对潘玉良的绘画产生了明显的影响。比如潘玉良的《酣梦》很明显借鉴了高更《国王妻子》的画面构图、人物造型、光与色处理等技法。有人也曾把二人的内在精神气质进行过对比，"高更为了寻求原始艺术的纯真美，摆脱了污浊的资本主义社会，来到原始的塔希提岛寻找创作灵感，求得精神上的共鸣。潘玉良逃离受封建思想禁锢的中华民国，来到艺术之都巴黎，追寻自己的艺术梦想，寻求精神上的解脱"[8]。无论是技法、精神气质，还是思想高度，高更对潘玉良的影响都是不言而喻的，如此，我们有必要对"高更之问"③对潘玉良的影响进行研究。

从"三重证据"我们可以看见潘玉良的一生就是身心"漂泊"与"回归"的一生。对于潘玉良来说，所谓"漂泊"，是指先后对"村姑"和"家庭、教授、画家"两种生存状态的被迫游离；所谓"回归"，即对家庭的回归、对爱人的回归和对祖国的回归。但最终潘玉良没有逃脱"客死他乡"的宿命，而绘画充当了潘玉良回归的"方舟"。绘画之于潘玉良是一种生命的救赎。童年即成孤儿、被卖娼门、为人妾身、被同学歧视、被学校除名、失去生育能力、国家沦丧、生活艰辛、漂泊他乡等，这其中的孤独与寂寥非

---

① 一般一个画家在作画时都设定特定的受众和特定的绘画目的，无论其目的是迎合市场、参加画展、赠送亲朋，还是留给自己，都会设定不同的受众。潘玉良不与画廊签约，就意味着其画作多是留给自己，如此，背后的受众只有一个，就是其丈夫潘赞化。
② 与狗相比，猫更具有独立性，经常被隐喻为知识分子的精神。
③ 即指高更在油画作品《我们从哪里来？我们是谁？我们到哪里去？》中提出的三个问题：我们从哪里来？我们是谁？我们到哪里去？

常人所经历,她时刻处于与自己的灵魂对话中,寻找灵魂的慰藉也许是她绘画的首要动力。

在潘玉良的一生中,她有明显的两次漂泊。

第一次漂泊,是被亲舅卖到芜湖怡春院。在小说《画魂:张玉良传》中曾经提到被卖到妓院的情景,"一叶小舟,一片风帆,沿着运河的支流瓜河,荡出了'两三星火'的瓜州古渡,进入亘古不息的万里长江"。这一幕是潘玉良开始漂泊、孤独一生的真正开始。她不会忘记那一幕,她不会忘记的那个熟悉水性的船工,很可能是一个疍家人。而在小说《画魂》中提到的不知所终的知己小兰,在《画魂》的电视剧版中最后被老鸨卖给了疍家人。疍家人在历史上曾经有过"六不准"的说法①。疍家人在中国文化中是一个漂泊的存在与意象。在潘玉良的创作中,我们看不到疍家人的形象,但我们可以想象到她心中有一个"疍家人"形象。"小舟""风帆""疍家",这是她第一次漂泊的意象,她抛开了几千年来中国女性命运的叙事,开启了一生不知所终的漂泊旅程。

随着她"女性意识"的成长,沦落风尘的经历和小妾的出身,使得那种漂泊感没有一刻可以逃离,即便有潘赞化的爱,有自己喜欢的绘画让自己得以"回归"与"救赎"。比如作于1931年的《我之家庭》②和作于1937年的《潘赞化像》和《父与子》。这几幅画透出"家"之于潘玉良的重要性及其实际上的缺失。"体面的教职""温馨的家庭""心仪的艺术"三位一体的生活是潘玉良一生梦中的天堂,是心中"得救"的存在状态。但好景不长,因为大夫人在家庭中的颟顸,以及社会狭隘的艺术生存空间,在她不能获得归宿感的同时,强大的自我意识与女性意识,促使她再次"漂泊"。

第二次漂泊是旅法近四十年。旅法期间,潘玉良自称"三不女人":不恋爱、不改国籍、不与画廊签约。[9]潘玉良的"三不女人"自称,不但让人想起中国的疍家人,还让人想起法国的吉卜赛人。与中国疍家人一样,吉卜赛人在法国文化中也是一个"流浪"的意象,而在安徽省博物院的收藏品中,有一幅画名为《穿红衣服女郎》③的吉卜赛女性,这其中有潘玉良心灵的投射。这种漂泊感,还投射在静物画上。在潘玉良的笔下,她最钟爱菊花,而所有菊花,无一例外地都插在花瓶中,这一无根的菊花形象,投射了自己无根的漂泊感。而1959年已进入"知天命"之年的潘玉良,作彩墨作品《玩扑克的女人》④,试图通过"扑克"占卜,来预测和把控自己的命运,这也是心灵漂泊感的投射。

生活的漂泊感带来了孤独感。在潘玉良一生的作品和行为中,试图对漂泊感与孤独感救赎的意象与行为无处不在,比如母爱与孩子⑤、自画像⑥、对家庭与祖国的关爱等。这些画作和行为都与潘玉良对"高更之问"的反思有关,这一对"高更之问"的反思还体现在一幅很少为人研究的一幅画

---

① 即"不准穿鞋,不准上岸居住,不准读书,不准经商,不准与岸上人通婚,不准与岸上人同时过节"。
② 画家将丈夫潘赞化、儿子潘牟纳入自画像中。这个家庭还有一个人没有进入画面,那就是潘赞化的正房妻子,一个让潘玉良身份尴尬的人物。
③ 画面描绘了一位吉卜赛女郎,身着五彩衣裙,脚穿红色皮靴,端坐在门前的台阶上,凝视远望,端庄大方。见安徽博物院潘玉良作品。
④ 见安徽博物院潘玉良作品。
⑤ 潘玉良一生没有孕育孩子,但她的艺术中有部分关于母爱的作品,如《母爱》《捉迷藏》《沐浴》等。
⑥ 目前可以查阅到的潘玉良的油画自画像约有19幅,也是20世纪初的女性画家中作自画像最多的一位。她的自画像带有自叙性质的呈现"我是谁",或者说"我希望我是谁"的重塑结果。

和她墓碑的样式上。在潘玉良的作品中,还有一幅评论家很少有人注意过的《红衣老人》[1],该老人应该属于天主教的枢机主教。这幅画的创作年代不详,应该与苏雪林有关。苏是一个天主教徒,潘玉良可能受苏的影响接触过天主教,更何况法国是一个以天主教为主的国家,旅法近四十年,一个漂泊、孤独的心灵,没有接触天主教、教堂和神父也不大可能。天主教里有"高更之问"的一种答案。但天国不是潘玉良的归宿,天主教也没有给潘玉良以"高更之问"的答案。晚年的潘玉良已经寻见自己的答案,她用删繁就简的笔触,用简洁的线条表现心绪,诉说着自己简单而又复杂的心曲,呈现着自己对艺术、生活、祖国和所爱之人的真情,寄托着自己漂泊与孤独的灵魂。潘玉良的墓冢是一片"洋墓"当中唯一的汉家陵阙。独一无二的陵阙诉说着主人对魂归故里的殷殷期盼。

也许在中西方的绘画史上,有许多画家可以称为"画魂"式的人物,比如达·芬奇、梵·高、毕加索、高更、黄公望、刘海粟、张大千等,但每个人代表的"魂"都会有不同的内涵。研究潘玉良之所以称为"画魂",以及"画魂"之"魂"的意义,即在于深度诠释潘玉良在20世纪画坛的艺术成就,及其在中西美术发展史上的意义与潘玉良绘画在当下中国美术界的价值。

参考文献:

[1]石楠.画魂:张玉良传[M].北京:人民文学出版社,1983.

[2]石楠.安徽才女苏雪林与潘玉良[J].江淮文史,1999(1).

[3]张彤.论20世纪上半叶旅法中国画家女性裸体艺术的"中国味"[D].株洲:湖南工业大学,2016.

[4]徐复观.徐复观全集·中国艺术精神[M].北京:九州出版社,2009.

[5]庄子.庄子[M].孙海通,译注.北京:中华书局,2014.

[6]姚扣根,赵骥.外国艺术十六讲[M].上海:上海百家出版社,2009.

[7][日]笠原仲二.古代中国人的美意识[M].杨若薇,译.北京:生活·读书·新知三联书店,1988.

[8]朱敬.潘玉良油画人物和高更油画人物比较研究[J].巢湖学院学报,2017(2).

[9]陈天白.潘玉良绘画研究[D].南京:南京艺术学院,2016.

---

① 见安徽博物院潘玉良作品。

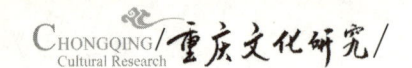

刘远扬的故事人生

朱伟

（重庆科学城走马小学）

一、因为听故事没吃成晚饭而刻骨铭心

刘远扬，国家级非遗代表性传承人，1938年9月出生，地地道道的走马场人。他父亲曾经是生意人，在二伯的影响下吃鸦片烟上了瘾，后来家里就背了时。刘远扬的母亲开始是把家里的东西拿去当，再后来是卖陪嫁物品，最后就只有到娘家或亲戚家去借，借了又很久都不还，娘家人和亲戚的脸色都不好看，一个个像避瘟神一般躲得远远的。

小时候的刘远扬也不懂事，最喜欢看热闹，白天最爱去上街屠场看杀猪，屠场那双扇门内就是"烫槽"。他靠在烫槽门口，看杀猪匠苏二爷从圈中牵着一头肥猪的耳朵出来，李麻子抓住猪尾根，两人顺势一提一抱，那挨刀的就侧卧在杀凳上，然后听见"天蓬元帅"声嘶力竭的哀号。苏二爷摁住猪的前半身，李麻子摁住它的后半身，苏二爷口衔尖刀，左手紧握猪的嘴筒子，右手拉过装有盐巴水的木盆，说时迟，那时快，苏二爷右手取下口衔的杀猪刀，对准猪的喉部，猛力一推，再将拳握刀柄深深喂进，"孙悟空家二师弟"就鲜血如泉。苏二爷放下杀刀再用手在血木盆搅了几下，回眼看时，那挨刀的已瘫软了，不时发出噷噷声，有时四只脚还要蹬几下。苏二爷手持一根铁条，听说叫"挺杆"，从猪后脚处划一小口，再用"挺杆"捅入并在几处来回捅几下，再拿一碗干净水，把划一小口的猪后脚洗一洗，李麻子就用嘴对着猪后脚上划的小口吹气，苏二爷还用一根短木棒捶打几下，那瘫软的猪立即膨胀滚圆。苏二爷他们把滚圆的猪儿顺上宽阔锅沿，涨水烫澡刮刀去毛，刮得白白生生干干净净。苏二爷和李麻子两人托住猪头朝下，尾朝上，钩上横梁，然后开边破脊，取心割肠，惨烈无比。但是一想到杀猪后就有肉吃，刘远扬就口水直流。

走马场有个叫蒋瞎子的会唱小曲儿，会打莲萧，还会逗车幺妹。刘远扬爱听蒋瞎子逗车幺妹时唱："车幺妹，我的妻，爹妈打你我不依，如果爹妈再打你，背起包包上油溪。"有时蒋瞎子还会唱："车幺妹，身穿白，奶奶长在当门得，如果长在你背上，害得你娃儿都背不得。"蒋瞎子见啥说啥，从头说到脚，说来好笑，刘远扬就跟着学。

走马场还有个人叫朱伯康,是送财神的。他爱唱神歌,记得朱伯康唱的《猫儿煮饭笑死我》:"金银花,十二朵,大姨妈,来接我,猪抱柴,狗烧火,猫儿煮饭笑死我。"还有《反话歌》:"三十晚上大月亮,强盗起来偷尿缸,聋子听到脚步响,瞎子看到翻院墙,哑巴连忙喊逮到,摆子急忙追一趟,断手杆马上去拉倒。"刘远扬也跟着学。

就连脏兮兮的叫花子打"莲花闹",刘远扬都要去看热闹。凡是赶场天,那些摆摊做生意的,打"莲花闹"的就去找他们要钱。碰到卖肉的,打"莲花闹"的就唱:"割肉割肉就在这里割,这里是个老案桌,十八两老天平,外搭二两做人情。"因为以前的秤是十六两进制,所以多二两做人情。如果你给了钱,他就走了,如果不给钱,他就给你乱说:"老案桌,是个名,割些骨头光整人。"碰到卖叶子烟的,他就会说:"叶子烟,两头尖,知人待客它在先。"要到钱他又走了,来到饭馆门前,他又会说:"这家厨倌手艺高,碗碗都离不开花胡椒。"刘远扬就追来追去地去看去听跟着学。

刘家旁边有个栈房,喊堂的幺师叫蒲如光,幺师长得高高大大,胖胖白白,肩上搭帕,嘴头喊客,白布围腰拴起半截。如有过客,幺师就喊:"客位吃了饭没得,请进小店歇,我们的酒好饭热,河水豆花雪白,酸菜鱼吃了打暑热。如果吃好了,就在楼上歇,花铺盖干净,蚊帐雪白,臭虫虼蚤都没得。纵然有几个,光咬堂倌不咬客。实在没有对,光咬皮皮不吃血。"一会儿又听见幺师在喊:"来客两位,河水豆花两碗,杯子两个,调合一个。"刘远扬也学着幺师的样子喊:"来客两位,河水豆花两碗,杯子(龟子)两个,调合(跳脱)一个。"晚上十点后关铺门了,幺师又喊:"楼上的客,楼下的客,听我幺师办交设,要屙尿,有夜壶,不要床上画地图;要屙屎,有草纸,不要撕我的烂席子;要放屁,有罐罐,不要在床上放闷烟。"听评书,看唱戏,听起顺口他就跟到学,由于经常回家晚了,父亲就罚他不准吃晚饭。没有饿过饭的人永远也体会不到,本来肚皮就在"唱空城计",再被罚不允许吃饭这样的滋味,说有好难受就有好难受,怎能不让年幼的小远扬刻骨铭心。

二、因为讲故事不堪回首的往事

1958年大炼钢铁时,二十岁的刘远扬被调到白市驿钢铁厂,开始是当工人,后来在基建队当会计。晚上乘凉他们就在黄葛树下摆龙门阵,刘远扬摆的是《老师出难题》:"当老师问师母,又无脑壳又无脚时,师母答不上来,老师一脚蹬过去,蹬到师母屁股时,师母马上说'我晓得,我晓得,是蚌壳'。"工友们大笑不止一哄而散。后来评先进时,领导说刘远扬不宣传毛泽东思想,摆荤龙门阵尽乱说,就把先进给他除脱了。1960年困难时期钢铁厂要下马,工人也要下放一些回家,要散伙了有个工人对刘远扬说:"刘会计,我们伙食团的猪是我们用伙食费买的,又是我们自己伙食团喂大的,现在我们就要走了,杀个猪来'打牙祭'要得不?"刘远扬当时也没有过多地思考就说:"可以。猪是我们用伙食费买的,又是我们自己喂肥的,有啥子不可以吃。"哪晓得工人们把伙食团喂的两头猪都杀了,厂部的领导听说基建队在杀猪,就来过问,工人们说是刘会计同意杀的,厂部的人把猪拉走了一头。没有好久,处分决定就发下来了,厂部处理决定说:刘远扬上班吹牛,无组织无纪律,有事不请示不汇报,自作主张杀猪,违背组织原则,干部当了群众尾巴,撤销他的会计职务,开除厂籍。因为讲故事他又丢先进又除脱工作,灰溜溜地返回走马乡银岗村八社参加农业生产劳动。

三、因为讲故事害得手上留残疾

1961年5月,走马公社一德煤厂要建石灰窑子,因为煤炭厂的工作危险性大,人们都说煤炭厂的工人"拖二匠"是埋了还没有死。大家都不愿意去,大队就推荐刘远扬去一德煤厂工作。在一德煤厂,晚上大家喜欢围着火炉摆龙门阵。在煤炭厂做工是有一些忌讳的,一是不能说吃泡海椒,二是看见山喳雀不能说山炸(泡海椒就是龙洞穿水淹死人,山炸就是要塌方)。矿工们看见老鼠都说是"窑猪儿",挖煤的人还要用饭粑团喂它,如发现"窑猪儿"往外跑,就是有塌方的预兆。那时他们都是吃叶子烟,龙门阵也吹个不停,大家你摆一个他又摆一个,他摆了我又再摆一个,都摆一些鬼呀、神呀、毛子呀、死人现身呀的龙门阵,刘远扬是吹龙门阵的高手,当然也少不了吹龙门阵。那时一德厂要建石灰窑,利用"夹子煤炭"(其实就是煤矸石)来烧石灰好卖钱。刘远扬边吹龙门阵边破片石,哪晓得钉锤砸在右手上,食指上起了血泡,后来就长成了血疔疮,痛得很。工友申启国说用"人中黄"(其实就是人的大便)来包就好了,刘远扬嫌大粪又脏又臭就没有包,结果越来越严重。他去向厂长何松美请假去看手,厂长不准假:"你刘远扬上班吹咵咵,工人些都来听你摆龙门阵无心生产,要看手,星期天再去不迟。"其实何厂长怕他不来上班,任务完不成是要挨批评的。晚上刘远扬的手痛得不得了,他就把手放在煤炭厂龙洞水中去泡,龙洞水冷得刺骨,在冷水里泡起就不痛。久治不愈,从此他右手的食指就留下残疾,厂方最后把他辞退了。

四、因为讲故事生产队长要扣他工分

回到银岗生产队上班,刘远扬出工还是爱吹龙门阵,如:寒帮媳妇,傻子婆娘点豆子之类,还讲一些如"烧火佬""酱油罐"之类的笑话,有些社员摸到锄头都听他讲故事,生产队长刘开发就说:"龙门阵要摆,烟荷包要甩。"意思就是说,不要光站到听吹龙门阵,边听还是要边干活。由于他爱吹牛,生产队长觉得影响了生产,评工分时队委会讨论就只给刘远扬评七分半,一个全劳动力应该评八分,他心里感觉很不舒服。后来大队的农技员找到刘远扬说:"你也来参加做杂交水稻的制种嘛。"

"杂交水稻怎样制种?"刘远扬问。农技员就解释,由公社农科站拿来种子,种子有母本和父本,中间四行是母本,两边是父本,水稻扬花都是在最热的中午,杂交水稻的制种要赶花,一两个钟头要赶花一次,做杂交水稻的制种产量不高,但是每一斤杂交水稻的制种可以换十斤黄谷。他一听觉得还是很划算的,就虚心向农技员学习种植杂交水稻制种的技术,除了肥料跟上外,保证水源,还动员老婆孩子,以及亲戚朋友也来一起赶花,那一年他们家产了一千多斤杂交水稻制种的谷子,送到农科

站就换了一万多斤黄谷。虽然杂交水稻的制种很辛苦,但是科学种田解决了温饱问题,还可以供娃儿读书,再苦再累他也觉得很值得。后来刘远扬又养鱼,种巨峰葡萄,妻子伍国珍很能干,他们夫唱妇随,靠科学种田慢慢就富裕起来。

五、从市委书记到国家领导人都来听他讲民间故事

走马乡(后为"走马镇")为建立"民间文化之乡"做了许多工作。1990年10月3日这天是中秋节,时任中共重庆市委书记肖秧亲临走马,参加了隆重的"民间文学之乡"授牌仪式。时任巴县县委书记牟禾荣、县长戚万林,还有市文联、市民协的领导王觉、苏觉等也到现场表示祝贺。事前乡机关的干部们都在忙着搞接待,这时严小华已经被选为走马乡的乡长。严乡长问刘远扬:"刘老师,重庆市委书记肖秧来走马听民间故事,这回你讲哪个故事?"

图1 刘远扬在给大家讲述走马民间故事

"这个故事得有特色。刘老师你要准备充分些哈。"严乡长说。

刘远扬说:"我有点紧张,开玩笑,市委书记要来,好大的阵仗哟。"

"刘老师,你也不要紧张,平时怎么讲的还是怎么讲,只是思想上要重视。"严小华乡长鼓励道。

10月3日这天正是中秋节,走马十个故事家坐在主席台上,有魏显德、邓树辉、朱伟、明科、谢志忠、谭丙云、何清荣、陈昌明,还有刘远扬和只有九岁的严俊。这一天举行了简短的命名授牌仪式:走马乡被授予"民间文学之乡"称号,还命名巴县木洞为"民间山歌之乡",严小华乡长代表走马乡接

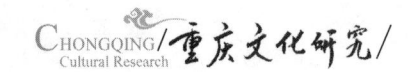

牌。重庆市文化局还命名魏显德、邓树辉、钟玉泉、张云普、谢志忠、谭丙云、涂绍荣、陈昌明和刘远扬九人为"民间故事讲述家",何清荣被命名为"民间山歌手"。命名之后就是故事讲述,魏显德讲的是《人心比天高》,邓树辉讲的是《一字不识招驸马》,朱伟讲的是《普吃大王》,刘远扬就讲了《走马地仙烧大河》,九岁的严俊讲的是《狗为啥子见不得羊》。演出后,市委书记肖秧,还有许多市里、县里的领导上台和故事家们握手并合影留念。后来在走马供销社的小会议室,严小华乡长代表走马乡向领导们作工作汇报,当严乡长介绍到魏显德一个人能够讲1300多个民间故事时,肖秧书记听了称赞:"了不起!了不起!阿拉伯的《一千零一夜》才243个故事,我们走马的一个农民就能够讲一千多个民间故事。"这次的授牌和命名对刘远扬来说是一个巨大的鼓舞。

2013年5月21日,在重庆市政协主席邢元敏、副市长谢小军、九龙坡区委书记丁洪的陪同下,全国政协副主席卢展工,还有中国曲艺家协会主席姜昆一行来九龙坡区调研(这也是姜昆第三次来走马调研民间故事)。卢展工、姜昆一行来到走马镇关武庙戏楼茶馆听走马民间故事。朱伟老师讲述了《圣贤愁》,走马小学学生程莉讲的是《冲壳子》,刘远扬讲的是《雷麻子》,让卢展工副主席开怀大笑,故事一讲完就赢得了领导和专家的阵阵掌声。故事会后,卢展工副主席、邢元敏、谢小军、姜昆,还有其他市、区领导和故事家们亲切握手并合影留念。刘远扬做梦都没有想到自己讲民间故事,还会受到国家领导人的接见。

六、他把走马民间故事讲进央视再讲到联合国

2012年9月16日至22日,中央电视台国际中文频道《走遍中国》栏目百集系列片《中国古镇》摄制组来走马拍摄,央视国际中文频道的记者、主持人李辉告诉刘远扬:"刘老师,我们是中央电视台的,来你们走马拍摄,主要是想揭秘走马镇的'故事家家户户讲、男人讲、女人讲、娃娃也能讲'的民间文艺盛况,刘老师您是走马民间故事的'化石级'人物,国家级非物质文化遗产项目走马镇民间故事的代表性传承人,是国宝,一定要配合我们把片子拍好。"刘远扬告诉记者李辉:"中央电视台选择来走马拍摄,是看得起我们,是我们的光荣,只要你们需要,我一定大力协助。"虽然近一个星期忙碌的拍摄让刘远扬有些疲劳,但他还是非常高兴,毕竟能够在中央电视台展示走马民间故事,让全中国甚至是全世界的人们了解家乡走马,了解走马民间故事。刘远扬活了七十多岁,能够上央视,也是从心底感到十分自豪。

1996年12月初的某一天,走马文化站的钟守维站长通知刘远扬说:"刘老师,您要为联合国教科文组织的专家讲故事,还要把你的爱人伍国珍和只有七岁的孙女也带来讲故事。"刘远扬高兴地答应了。那是1996年12月6日,这一天是值得每个走马人记住的日子,重庆江北国际机场,一架由北京飞往重庆的航班客机徐徐降落。联合国教科文组织中国代表处代表武井士魂、文化官员木卡拉、联络员木村碧、中国民间文艺家协会主席冯元蔚、常务理事杨亮才等缓缓走下舷梯。由冯元蔚主席陪同来渝的联合国客人,实施中国民间故事的采录和保护项目,以响应落实中国政府与联合国教科文

组织所签订的关于保护中国无形文化遗产的协议。

刘远扬给联合国教科文组织的专家讲了《王三三和蛇》，木卡拉听后不停地夸奖。时任巴县文化局局长李子硕特别向专家和领导介绍刘远扬和伍国珍是夫妻故事家，他们只有七岁的孙女刘玉莹也来讲故事，很受大家的欢迎。联合国教科文组织的专家对走马镇民间故事进行了深入细致的实地考察，并领头编辑了由中国民间文艺家协会主席冯元蔚作序的《走马镇民间故事集》。刘远扬讲的故事《龟儿子》和《徐半文和徐半仙》，还有伍国珍讲的故事《"米贵阳"的来历》都被收入《走马镇民间故事集》，刘远扬做梦都没有想到讲民间故事也能走进联合国，走向世界。

七、他因讲民间故事与姜昆结缘并登上全国学术论坛

2009年3月25日赶走马场，杨华告诉刘远扬说："刘老师，文化中心的钟主任通知你到他的办公室去，说有要紧的事找你。"他马上来到钟主任的办公室。钟主任说："刘老师，3月30日上午，全国政协委员、中国曲艺协会分党组书记、著名表演艺术家姜昆要来走马调研，九龙坡区委区政府十分重视这次调研活动，我们研究决定由你代表老故事家，朱伟代表中青年故事家，走马小学学生刘雪平代表小小故事家，每人讲一个最有代表性的走马民间故事，朱老师和刘雪平要讲的故事，我已经布置下去了，朱老师讲《圣贤愁》，刘雪平讲《瓷饭碗的来历》，你打算讲哪个民间故事？"

刘远扬半开玩笑地说："随便讲哪个都可以。"

"不能随便讲，一定要讲你最拿手的，最能够代表我们走马的民间故事才行。"钟主任说。

他想了一会儿说："那我就讲《三个女婿拜寿》吧。"

"好，就讲《三个女婿拜寿》！这个故事很不错，是典型的走马民间故事！"钟主任说。

从钟主任办公室出来，刘远扬在想：像姜昆这样的表演艺术家，以前只有在电视里，在中央电视台春节联欢晚会上才能看到，这次居然要和姜昆同台演出，心头不免还是有些紧张。回家后他把故事反复地讲了又讲，做活路时讲，吃饭前讲，吃饭后又讲，连睡觉前都要讲一遍，老伴伍国珍笑他："娃儿他老汉，一个姜昆来，不要把你弄成精神病了哈！"3月30日上午8时，刘远扬来到走马下街的关武庙戏楼下面，看见朱老师和小学生刘雪平都已经到了，还有不少重庆市里的、九龙坡区的领导，他拿到节目单一看，第一个该他讲，小学生刘雪平讲第二个，朱伟老师讲第三个，姜昆讲最后一个。由于准备充分，他感觉自己还算发挥了正常水平。演出结束后，姜昆，还有市、区领导和魏显德、刘远扬、朱伟、刘雪平、陈富其、钟守维等一起合影留念。

图2 刘远扬等走马民间故事讲述家与姜昆合影

2010年11月21日下午,在走马镇的关武庙戏楼隆重举行走马镇"中国曲艺之乡"授牌大会。这也是姜昆第二次来走马考察,他受到走马人的热烈欢迎。简短的命名挂牌仪式之后,在关武庙戏楼主会场,由"全国故事大王"肖化老师讲了一个红岩革命故事《我的自白书》,走马小学朱伟老师和学生表演了情景故事剧《传承》,重庆市非遗传承人李国仲老师表演了金钱板《双枪老太婆》,魏显德的徒弟吴文等表演了音画评书《巴国魂》,姜昆登台讲了故事《抓周》。刘远扬被安排到了分会场讲故事,多少感到有一些失落。之后,姜昆在市、区领导的陪同下来到义园茶馆,听了刘远扬讲《王二嫂求神》,感觉很不错,主动邀请和他合影留念。能够为走马镇被评为"中国曲艺之乡"做一些实实在在的事情,刘远扬感到非常高兴。

2017年9月24日至27日,刘远扬应中国曲艺家协会的邀请,参加了第四届"岳池杯"中国曲艺之乡岳池论坛,他的论文《初探走马民间故事的前世今生》入选。在岳池论坛上,那些论文的作者全是专家、教授,至少都是大学生,他们都是专业人员,刘远扬没有想到他的文章能够入选岳池论坛,他是参加此次论坛年纪最大的作者,已经七十九岁,他的学历层次最低,连小学都没有毕业,还是个地地道道的农民。去之前,走马文化中心的钟守维主任请刘远扬的好友陶克辛老师做了幻灯片,在所有宣读论文的作者中,他是唯一使用多媒体幻灯片展示和宣读论文的作者。作为民间故事家,刘远扬发挥了自己会说的特点,较好地介绍了走马民间故事的发展与传承情况,论文宣读完毕,受到与会的专家学者一致的高度好评。有记者问他:"刘老师,你只有小学文化,是个地地道道的农民,没有想到你能够写出这样有水平的论文。能请你说说你是怎样成为民间故事家的,又是怎样成为走马民间故事研究者的吗?"

"记者同志,我不是什么走马民间故事的研究者。我从十来岁起就听走马民间故事,然后开始讲走马民间故事,到1986年起开始有目的地讲述走马民间故事,还不断地搜集走马民间故事,这三十多年来我认真地做好这一件事,所以我成了民间故事家。我只是写出了这些年我亲身经历的事,我刚才在会上说的,其实我们就是这么做的。"刘远扬的回答让记者心生敬佩。

八、因为讲民间故事成为国家级非遗传承人

2009年6月的一天,刘远扬接到重庆市非物质文化遗产保护中心的谭小兵主任打来的电话,通知他6月13日去重庆市江北区观音桥广场,参加国家级非物质文化遗产代表性传承人的命名授牌仪式。因为魏显德老先生的去世,走马镇民间故事就没有了国家级非遗传承人,市、区相关领导肯定了刘远扬这些年为走马民间故事所做的工作,推荐他为国家级非物质文化遗产代表性传承人,没有想到这么快就批准了。

图3　刘远洋成为走马镇民间故事国家级非遗传承人

他思潮起伏,因为讲民间故事所遇到的不理解,甚至遭到的白眼都烟消云散了。他知道:这个国家级非物质文化遗产代表性传承人的荣誉虽然是授予他刘远扬的,但是它更属于所有走马人。他高兴得有些不知所措。老伴伍国珍告诫他:"娃儿他老汉,不要张狂,不要骄傲,要学会戒骄戒躁哈。"他感受到前所未有的责任,保护、传承走马镇民间故事刻不容缓。

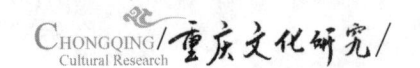

九、因为讲民间故事不惧怕癌症

2018年4月中旬,走马镇文化服务中心的钟守维主任送给刘远扬一张五百元的九龙坡区人民医院的体检卡说:"刘老师,这是走马镇政府对国家级非物质文化遗产传承人的关怀,您是我们的国宝,一定要好好保重身体哟。"拿到体检卡,刘远扬很高兴,就去九龙坡区人民医院西城院区(白市驿)体检。这一检查其他方面情况还比较好,就是前列腺有问题,医生建议他做进一步的检查,刘远扬想:"我吃得饭走得路,精神面貌也不错,有啥子进一步检查的必要。"从5月份开始,刘远扬开始消瘦,有一天,民间故事家龚方怀看见他就说:"刘远扬,你在减肥吗?"

"我八十多岁了,又不是年轻人,还减啥子肥?"他回答。

"那你瘦了,不过有钱难买老来瘦,你老一定要高寿。"龚方怀说。

刘远扬开玩笑说:"托你的吉言,谢谢你!我满一百二十岁要请你喝酒哈。"后来,刘远扬发现自己的小腿和脚有一些浮肿,觉得是有点不对,就到重庆新桥医院做进一步的检查,医生在病历诊断书上写的是:前列腺"Ca"并打了个问号。他不知道"Ca"是什么东西,后来一打听才知道可能是癌症。7月5日,他再次去新桥医院做了活检,结果出来确诊他患有"前列腺癌,并伴有腹腔内多发转移。"得到这个消息,刘远扬有一些苦闷、忧伤。他想:虽然我已经年过八十,但是已患癌症,感到自己还有许多的事需要去做,走马民间故事需要去传承,所以我精神不能垮,只要可以讲话,就要讲走马民间故事,还要带好徒弟,再大的困难我一定能够战胜。癌症有什么了不起,大不了就是一个字——"死"。活了八十多岁,多活一天就赚一天。只有活着就要为深爱的走马民间文化努力,讲走马民间故事让我获得了这么多崇高的荣誉,为走马故事付出再多都无怨无悔。2018年8月1日上午,在九龙坡区石桥铺街道办事处召开九龙坡区"九龙好人"发布会,刘远扬被评为2018年第二季度自强不息类"九龙好人"。九龙坡区委宣传部长颜朝华还特别表扬他为走马民间故事的讲述和传承做出的贡献。他心中只有一个信念,那就是:生命不息,传承走马民间故事永不停止!

(后记:2019年10月,刘远扬走完了他八十一载的人生岁月,他留下了许多宝贵的走马民间故事的资料,供我们去学习和研究。)

涓流的细语
——也谈书封的过往与今生

周冠宇
（重庆市文化和旅游研究院）

书籍的封面从某种意义上说是在卖一个"颜值"。一方面，书封与广告的形式和目的类似，书籍的销售与售卖其他产品时所玩的一些营销技巧无异；另一方面，书封与一般商品广告相比，又具有一种模糊性——因为书籍不是纯粹的商品。许多书注定不会过时，这是它们的形式和内容综合作用的结果。也许经过物质极大丰富的两个世纪之后，人们又开始喜欢一些工业时代以前的书籍样式了。时至今日，这些书籍珍贵而稀少，但它们带来的遥远记忆仿佛就在眼前。

经过印刷摆上货架的书籍通常是与学术和智慧联系在一起的，而不仅仅是简单的世俗交易，所以书的包装与其他商品的包装相比，在获得装饰的步伐上要慢许多。也正因如此，书籍拥有了一种超出一般商品的独特气质。尽管今天关于书籍的封面设计有许多细致深入的研究，但绝大多数人对于其历史却知之甚少，甚至对书封的收藏都不被认为是真正的收藏。但事实上，19世纪的经典书籍在今天都会卖到很高的价格，如果书的封皮完好则会更加身价不菲。

但现实是，很少有19世纪左右的书封能完好保存至今。书籍的封面很少能保留至今的原因是早先的人们习惯买书后扔掉封皮，这种习惯反映出当时人们对书封的忽视态度——在书的外面保留封皮就像是从商店买了衣服回到家后仍留着包装纸一样显得不可思议，这种习惯持续了很多年。实际上当时书籍的封皮从实用的角度出发，也仅仅是为了在运输和销售过程中更好地保护书籍而已。

书籍的封面装饰最早出现在19世纪的英国。当装饰开始出现在书的外部时，或在包装纸上直接印刷，或将印好的纸粘在书的前后。这两种情况都与今天书籍的封面有一些类似，可以称为最早的封面，也算是现代书封的雏形。1890年后的封面设计通常充满智慧而具有原创性，会把人的注意力一下子集中在封面上。但这种萌芽刚刚有一些发展，就被当时的文化习惯所抑制。在那个时代，拥有一本设计得很打眼的书往往是在文化倾向上具有反叛性、前卫性的标志。

1900年以后，书籍的封面设计变得越来越普遍，但即便这样，大多数封面与商品包装的区别在于，它们仅仅是使用模子把一张薄纸印刷了一下。这时书的背面可能会有一些附加的信息，但与今天不同的是,这些信息很少作为提升书籍的宣传或者是书的内容提要。只有一些特别种类的书才将图片用于封面,比如给小孩子看的故事书。在第一次世界大战的前几年,书籍销售的竞争开始出现,这促成了书籍封面设计的第一次高潮。一位作家在当时评论道:"商业的迫切需要促使出版者将创造性发挥到极致,他们互相竞争看谁的商品形式更吸引人。书籍的封面就像女人身上的漂亮衣服,如果找一个出色的裁缝来做,肯定效果会更好。"为此,出版社会请有个性的艺术家设计封面、封底。这时也出现了一种普遍看法,同时也是一些作家所关注的问题——"难道是书的封面在卖书?"

书封设计发展的第一次高潮迅猛却很脆弱,受到第一次世界大战的影响,书籍封面一直到1920年都没有新的发展。但在这10年中,广告及商业的研究却有了全面发展,特别是美国经济膨胀对消费的刺激,使商业行为的观念和方式开始发生变化。其实早在19世纪80年代,在食品、药物和一系列家庭用品中,有牌子和包装的商品要比没有牌子和包装的商品卖得好很多。出版商从商业实践中明白:不仅出版社要树立自己的品牌形象,而且不同种类的书对于顾客来说更要有识别度。而那些在丰富的视觉环境中成长起来的顾客,都经历了观看早期电影的体验,他们开始像读文字一样从视觉形象中获取信息。此外,彩色印刷技术出现了。在第一次世界大战前,艺术家们最先由于制作版画作品而开始使用彩色印刷。但当时由于做"色彩印模"的价格十分昂贵,同时这种相对复杂的"分色印刷"工艺也只被少数艺术家所掌握,所以彩色印刷并未普及。然而,无论是字母或者图画,用这种方式印刷的封面都能让读者得到更强烈的视觉感受。

这些实践经验迅速反馈到艺术学校,在那里艺术和商业的界限被打破,因为艺术家在这个对绘画作品需求疲软的时代也要生存。20世纪20年代到30年代,出版商可以用钱雇佣艺术家为封面创作。在个人出版的时代,封面设计好坏主要依靠出版公司领导者的个人品位,理查德·D.欧文(Richard D.Irwin)和拉·麦尔(La Mare)是那个时代伟大的雇主。而维克多·高兰兹(Victor Gollancz)则雇佣了像斯坦利·莫里森(Stanley Morison)这样的工艺美术运动大师创作了一系列具有浓郁设计风格的封面。

而在美国,平面设计师W.A.德威金斯(W.A. Dwiggins,1880—1956)从1920年开始与Alfred A. Knopt出版社密切合作,给书的封面带来一种欢快的设计风格,当时人们对它的评价是"那些书脊上纤细的条纹在跳跃、在歌唱"。有趣的是,当时大多数作家认为德威金斯的设计风格是低品位的,今天我们反而会觉得当时所谓平庸的设计才是经典的。优秀的美国设计师迅速确立了自己的位置,所以在1949年,查尔斯·罗斯纳(Charles Rosner)宣称:"美国的封面设计,特别是阿尔文·鲁斯迪(Alvin Lustig)为《流浪者》所做的设计显示了无尽的想象力,将抽象艺术直接用于市场和家庭,为视觉传达注入了最新的活力。"然而此时在欧洲大陆,图书业很奇怪地与这场兴起于美国的设计运动相疏离。法国、意大利或德国的书籍通常用很朴素的纸,有时看起来就像一个等待最终完成的半成品,这形成了一种朴素雅致的装帧风格。时至今日,这种上个时代没有光泽、没有图画的设计风格仍作用于这些国家的书籍设计。

出版界出现的最大变化开始于1935年由艾伦·雷恩（Allen Lane）创立的企鹅出版社。因为出现了新闻出版的管理机构，该机构为保护书籍贸易，设置了一系列限制性措施。这是书籍迄今都不能廉价制作和销售的原因之一，这种不利的状况使出版社不得不采取各自的应对措施。雷恩对于平装书的冒险式改革，使所有出版者不得不或早或晚地对不断增长的书籍购买市场做出回应，这都是缘于雷恩的商业模式的创新。当时社会的审美取向仍很矫揉造作，企鹅出版社在英国率先采取了决定性的接近市场的姿态，并一直保持着在平装书市场的迅速反应能力，以当时的畅销书"黑色麻雀系列"为例，即便有人认为书的内容本身没什么可取之处，但它的封面仍值得收藏。

在今日的出版界，精装书和简装书之间仍有清晰的界限，但这更多是由于市场的需要，而非制作的限制。一本新书经常先用传统的方式以精装书形式出版，同时出版社随即发行相应的简装本，而不是将版权卖给那些专门的简装书出版社。一本书的精装本和简装本通常采用相同的封面以建立一种视觉识别的联系。然而出版社在处理再版和引进版时，则更倾向于创立一种全新的视觉形象。

设计在图书业中的地位亦不断变化，封面通常被看作区别于书的内部版式设计之外的独立项目。但公司内部的设计师同时要考虑公司书籍整体视觉形象的策略。公司设立一个艺术指导使个体艺术家的设计能有一种风格上的联系。大多数出版社会有一个封面的模式和范本（今天利用计算机和现代印刷手段，这种效仿变得很容易）。这种模式是被与个体消费者有着固定联系的销售商所认可的，他们对哪些书在销售上能获得成功有着第六感。因为书籍设计的领域总在不断变化，所以成功的书籍设计不是一种可以量化的严谨科学，无法一概而论。

封面的风格随潮流而变化，书籍的发展是一个抑制与张扬交替往复的过程。像在拥挤的市场中的任何商品一样，一本书如果想要跳出来，就必须在嘈杂环境中轻声细语，在空旷场地上大声呐喊。经过20世纪60年代刺耳的鼎沸之声后，书籍更倾向于以简单的色彩来印刷。20世纪70年代，书籍设计风格则安静而又怀旧。

今天的设计师和插图师拥有史无前例的工具和手段来创造和操纵视觉形象。计算机可以使无数重叠的层次和色彩自由变化。图像的极大丰富似乎有助于更新的创造，但结果并非如此。于是在封面上经常会出现一个强烈的形象，或是扭曲变形的，或是与底下衬有色块的文字相结合，而色块的色彩则耀眼夺目。

可能是那些挚爱书籍的人们在拯救书籍，使其没有完全受到市场化恶劣的影响，一些真正富有想象力和创造性的书籍设计仍有其生存的空间。设计师受到来自数字图书的威胁，但也获得了为CD封面做设计的机会。信息革命实际上有助于新书和二手书的流通。但今天的书籍设计者又开始面临新的挑战——由于网络时代的到来，如何使自己的设计在网站的弹丸之地夺人耳目成了新问题。这种对设计识别度的要求就像人们穿过拥挤的商店，你的商品要在其中跃然而出。

阿尔文·鲁斯迪在1947年写道，他的工作除了达到有助于书籍的销售目的外，为《流浪者》工作是他实现的第二个目标——这就是"设计一系列高品质的公众符号"。尽管设计的现状并不好，但书籍的封面是一座桥梁,可以促进文字和物质世界的交流,而这些文字对公众的良知影响甚大。20世纪是一个图像异常丰富的时代,相对而言却没有创造出具有深刻内涵的视觉符号。真正好的封面图形比语言文字更有说服力,但我们现在看到的许多封面只是表现了浅俗的娱乐性。

书的封面与食品包装不同,是由于观察深度不同,甚至观察方式都是相互矛盾的。书籍是运动着的艺术,观察的距离不同、持书的方式不同都会产生不同的结果。比如最先看到书的封面还是书脊会影响到观察的结果。当然,只有从一个旁观者成为书的真正拥有者时,才能有这种体会。托尼·古德温(Tony Goodwin)在成为企鹅出版社的小说编辑之前做过书店的经理,他认为"哪些封面将引起读者的购买欲,这些心理的联系复杂而又稍纵即逝。对于那些想利用花边新闻促使你购买的粗野的、'攻击'式的销售方式,会因人因事而结果迥异。"

书籍封面所传达的不应仅仅是有关书的一些简单信息,而应使书与购买者产生更深层次的联系,而这种联系将重新定义给予者和接受者的价值。最好的封面拥有一种内在的力量,与一些人的个性相连,仿佛在说:"拿走我!我是你的!"

杨氏庄园：时光的风带

余炤

(重庆市文化和旅游研究院)

这些年巴南的乡村旅游，总是以惊艳的方式出场。二圣的天坪山品茗赏花，界石的花木园艺，一品的竹海桑田……五月的巴南，又一场花的盛宴启动——"绣球为媒，情定石龙"，似乎"全城热恋"模式已经开启。我在这场盛宴中，来到石龙。"抛绣球"的是石龙勤劳智慧的人民，我在绣球花海里徜徉，人未老，心正热，不觉转入杨氏庄园来。

杨氏庄园即杨氏碉楼群，据说是由清末民初石龙大地主杨丙成修建的庄园，规模宏大，独具匠心。我很震惊，因为搞文旅研究工作，我自认为也见识过不少古建，特别是巴渝地方的碉楼，很多乡村都有遗存的土石碉楼。但是像这样保存完好的碉楼群，还真是第一次见到。怀着对古代建筑文化的敬仰，我走近碉楼群，去认识这座"百岁老人"。庄园三面环山，正面是一片宽阔的农田，正符合传统的前畅后靠、左右有依傍的风水讲究，可见杨丙成选址建楼是考究的。

眼前这栋碉楼就是整个碉楼群的正楼，从外观看，属于中西合璧的建筑风格，整体为土石木结构，两楼一底，底楼以条石垒砌，以上为夯筑土墙。门楣、窗额有浮雕图案、彩绘装饰，以蓝色为主。正房门前有条石台基，大门为两扇对开木门，近2米高。石库门刻有一联：清白绍遗徽家风宛在，文章绵雅范世泽依然。横批：五福临门。同时，在上方墙面上，还有"好好学习、天天向上"八个大字，和石库门上对联风格完全不同，应该是碉楼群曾经有过别的用途。后者属于20世纪新中国成立之初的伟人之言，足见碉楼不仅彰显杨氏家族的家风，也记载了另一段历史进程。文字留给人的思考，或许远不止这些。屋顶为单檐悬山式，小青瓦覆顶，草灰泥塑脊，保留了传统建造技艺。正发呆之际，有人打趣说："你踩着杨丙成的私家花园了。"还说这里曾经有鱼池、荷花池、六角亭。我想象着亭台飞翘、池沼微澜、鱼戏莲叶间的幽静美妙，富裕人家的私宅享受确实不同于当时底层的艰辛谋食。大门为了能够抵挡子弹，还有一层铁板包裹，虽然铁板被卸载了，但上面还保留了一些痕迹。从虚开的一点门缝中，目测大门单扇厚度大致也有15~20厘米。本想推门而入，但门上一把铁锁告诉我：非请莫入。

绕过正楼，进入后面的中庭，方知庄园为四合院布局，在正楼的左方和后方各有一栋楼，大门紧锁不能进入，但均和正楼一个风格、一样层高，围成了一个中庭内院。正楼后门开着，进入。沿木梯而上,木楼板,穿斗木梁架,里面却是校舍模样,听说是1949年后,碉楼被收归公有,改做学校,这样印证了外墙上的八个大字。每个房间的天花板均有浮雕图案、彩绘装饰,为欧式风格,还是以蓝色为主。与这楼体的苍劲一起证明时代更替,历史总是被新的事物取代,又脱离不了原本扎实的根基。其室内看还有一大特色,就是四面开窗,且窗口呈漏斗型,外小内大,同时在四面墙体上设置有内大外小喇叭状射击孔。每个射击孔都是在一块石头中间凿成,有人认为是嵌入墙体的,我猜测还是筑墙时就放进去了,这个设计才真正能体现碉楼的防御功能。在室内射击,无论是通过窗口还是射击孔,坚固厚实的外墙都能有效地保护自己。来到三楼楼梯尽头处,通往一个挑斗,无窗但又像是空中内阳台,地面开有一个篮球大小的圆孔。想象一下,这可能就是一个防御设施,当有入侵者从其他地方进入中庭内院后,再想从后门进入楼内,可从上面居高临下射击,避免出现射击死角,形成一道空中防线。

庄园中庭右上角有一座五楼一底的碉楼,相比其他几栋,更像碉楼的样子。楼层高耸,呈矩形,墙体基脚厚实并向上收缩,墙体为夯筑土墙,四面开窗,有多个整石开凿而成的喇叭状射击孔。独立碉楼石库门为整石构筑,上阴刻行书联"护宅龙层层曲抱,临门客步步高升",横批"四知名范"。据说,在碉楼四周有条石垒砌的深沟蓄水围护,沟上曾建有一座石拱桥,现已不存。最具特色的顶楼挑台,欧式立柱,形成3个拱形顶,外墙粉饰青砖勾白缝墙皮。这种廊道设计,在平时,可以作为主人休闲使用,当有入侵者来袭时,就成了广角的抵抗射击位置。碉楼各层天花板上均有挂马灯的挂钩,天花板上绘各种图案,浮雕做工细致入微,寓意吉祥的图案还是以蓝色为主。为什么要用蓝色?仅仅就是为了符合欧式建筑特点?会不会杨丙成留过洋?或者说信仰基督教?我百思不得其解。

杨氏碉楼修建用的材料为就地取材的黄土,加入糯米粉、石灰,有的在筑墙时在墙体内还会加入白夹竹、杉木条,四川方言称为"墙筋",这样墙体会更坚固,即使子弹打在墙壁上,也仅会留下小小的凹印,这就是碉楼保持百年不塌的原因。而且,碉楼中巧妙设置防御工事,简单并有效,其目的还是通过碉楼设施,保护自家老小的生命和财产安全。现在在民间,夯土墙作为一门技艺,因为濒临失传,已经被列入非物质文化遗产保护名录。杨氏庄园保存完好的夯土墙,也算是难得的历史建筑,当我们回首寻找民间智慧时,它就是最好的证人。

我的童年在乡间度过,老家几乎都是典型的巴渝民居。而今身居都市,在水泥森林里忙碌,突然置身于这样的庄园,看着熟悉的土墙木门雕镂图案,心底冉冉升腾一缕乡愁。绕着高耸围合的碉楼群转了两圈,思绪起伏。在中国历史上,先是官府才能修建碉楼这样的防御设施,后来允许地主乡绅等修建。因为夯土墙建筑具有冬暖夏凉的特点,老百姓就充分利用这一建造技艺修筑房屋,成为安身之所。杨氏庄园碉楼群虽在保护杨氏一族的生命和财产安全中发挥了重要作用,杨家祖先积攒的财富也是希望万世不衰,但是杨氏碉楼群修建时,正值中国被列强入侵、内忧外患的时期,士族大姓只好筑碉自保,但是靠着几座夯土碉楼就能保证他们家族的平安吗?偌大的国家都被战火烧灼,倾巢之下岂有完卵？谁又能安然躲过那场动乱呢？

　　回看而今的石龙，而今的巴南，而今的中国城乡，为了保证人民能幸福生活，不断出台惠民政策，不断加强和完善制度建设，从政策和法制各方面保障民生，这才是坚不可摧的无形碉楼！杨氏庄园带着中国乡村走过的斑驳历史风尘，见证着时代的发展，见证着人们从贫瘠走向富裕。民间智慧是可以传承的，一代又一代石龙人不断探索幸福之路，把乡村变成花园，把农舍变成农耕博物馆，接纳休闲的都市人，让他们释放都市的压力，跳出生活的繁复。石龙，就是回得到乡村、记得住乡愁的地方。

　　走出杨氏庄园，再入绣球花海，看着一簇簇艳丽绣球花如同风情万种的美人起舞，看着花海深处一群群青年男女"抛绣球"结情缘，一张张灿烂的笑脸与绣球花相映泛光，我也脚步轻盈了。转身驻足凝视杨氏庄园的碉楼群，那高挑的楼体、质朴的青瓦屋盖，不就是时光的风带吗？此时，拂面而来的风温润、和煦，带着泥土的芬芳，带着人们欢快的笑声，还有悠悠的草木气息，沁人心脾。

　　不觉在这风里沉醉。

地址：重庆市渝中区枇杷山正街93号

邮编：400013

编辑部电话：(023)63880156　63880157

电子邮箱：cqwhysyj@126.com

微信公众号：cqwhysyjy

网站：www.cqwhysyj.cn

重庆文化艺术研究QQ群号：294222082